KAISERSTUHL
RHEIN · TUNIBERG

Rainer Spaniel

Auf dem Berg · Breisach am Rhein

Poesie der Natur · Poésie de la nature

EIN LAND FÜR ENTDECKER UND TRÄUMER

EINE FASZINIERENDE REGION UND IHRE GEHEIMNISSE

Vom Rhein hinauf, auf die Hügel des Breisacher Münsterberges, der Sasbacher Limburg oder des Achkarrener Schlossberges, über die Ausläufer des Kaiserstuhls durch die historischen Städte von Vogtsburg-Burkheim, Breisach und Endingen, durch die Weindörfer Ihringen, Vogtsburg-Oberrotweil, Oberbergen und Eichstetten hinauf auf die weichen Hügel des Badberges und des Haselschacher Bucks. Versteckte Orte wie Vogtsburg-Bickensohl oder Amoltern entdecken, durch Hohlgassen wandern, grandiose Aussichten von den Höhen des Kaiserstuhls und des Tunibergs einfach genießen. Schreiben Sie Ihre eigene Story in einer faszinierenden Landschaft.

UNE CONTREE DE REVE ET D'AVENTURE
Une région fascinante et ses mystères

Sur la rive droite du Rhin, par delà les collines du Münsterberg à Breisach, de la Limburg à Sasbach et du Schlossberg à Achkarren, au delà des contreforts du Kaiserstuhl, cette région s'étend encore jusqu'aux pentes douces du Badberg et du Haselschacher Buck. Elle traverse de charmantes bourgades historiques telles que Vogtsburg-Burkheim, Breisach ou Endingen, ou encore quelques petits villages à caractère viticole comme Ihringen, Vogtsburg-Oberrotweil, Oberbergen et Eichstetten. Découvrez des hameaux isolés comme Vogtsburg-Bickensohl ou Amoltern, promenez-vous par les chemins creux de la région, profitez de vues panoramiques splendides du haut du Kaiserstuhl ou du Tuniberg. Ecrivez votre propre histoire dans un cadre naturel sublime qui vous envoûtera de ses charmes.

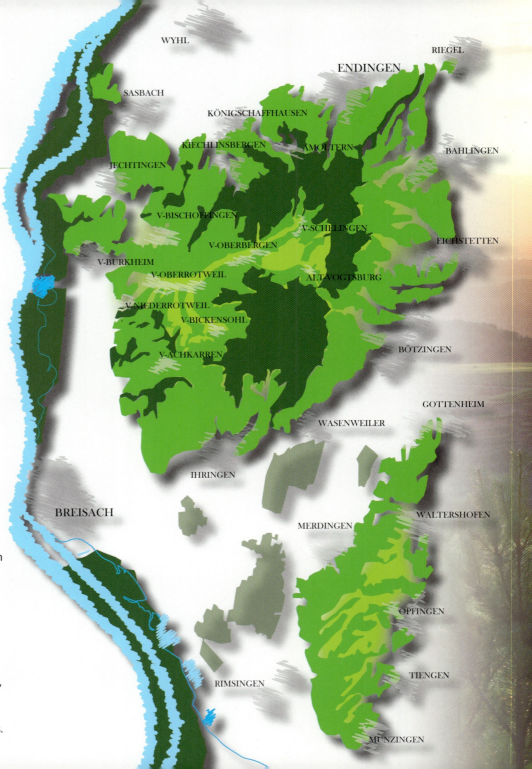

Der Schneckenberg bei Vogtsburg-Achkarren vom Katzensteinbuck aus gesehen, über das Rheintal bis zu den Vogesen

INHALT · CONTENU

Poesie der Natur · Poésie de la nature — 4

Ein Land für Entdecker und Träumer UNE CONTREE DE REVE ET D'AVENTURE	4
Auf den Wiesen unserer Kindheit LES CHAMPS DE NOTRE ENFANCE	11
Badbergpfad LE SENTIER DU BADBERG	13
Sommer am Kaiserstuhl L'ÉTÉ DANS LE KAISERSTUHL	17
Vollherbst am Kaiserstuhl AUTOMNE DANS LE KAISERSTUHL	19
Einmal wieder nur eine Wiese erleben SOUVENIRS D'ENFANCE	21
Poesie der Natur POÉSIE DE LA NATURE	25
Schöpfungsgeschichte „Live" am Kaiserstuhl LA GENÈSE EN DIRECT DANS LE KAISERSTUHL	29

Blumen · Fleurs — 31

Küchenschellen läuten den Frühling ein LES COQUERELLES PRÉMICES DU PRINTEMPS	31
Im Gelben Trikot MAILLOT JAUNE	33
Ich sehe Rot JE VOIS ROUGE	35
La vie en rose	37
Ganz in Weiß TOUTE DE BLANC VETUE	39
Kaiserstuhlanemonen LES ANÉMONES DU KAISERSTUHL	41
Allez les Bleus	43
Irisblüte Schlossberg Achkarren FLORAISON D'IRIS SUR LE SCHLOSSBERG	45
Rosarote Zeiten UN PETIT COIN DE PARADIS	47
Die Farbe Lila LA COULEUR MAUVE	49
Zweiter Frühling REFAIRE JEUNESSE	51
Mandelblüte Schlossberg Achkarren LES AMANDIERS EN FLEURS SUR LE SCHLOSSBERG	53

Tiere · Animaux — 55

Faszinierende Welt der Schmetterlinge L'UNIVERS FASCINANT DES PAPILLONS	55
Bläulinge ECOLE BUISSONNIERE	59
Verwandlungskünstler ARTISTE DE VARIETES	61
Eine Reise nach Liliput VOYAGE A LILLIPUT	63
Wiedehopf LA HUPPE FASCIÉE.	65
Jenseits von Afrika · Bienenfresser SOUVENIRS D'AFRIQUE	67
Was für ein Kauz · Steinkäuze C'EST CHOUETTE !	69
Tanz der Vampire LE BAL DES VAMPIRES	71

Stimmungen · Atmosphère — 73

Toskana Deutschlands UN PETIT AIR D'ITALIE	73
Neue Horizonte entdecken LE CIEL A PORTEE DE MAIN	75
Zwischen Himmel und Erde LA TETE DANS LES NUAGES	77
Hohlgassen LES CHEMINS CREUX	79
Buchenwald FORÊTS DE HÊTRES	83
Letzte Ausfahrt Kaiserstuhl SORTIE KAISERSTUHL	85
Kaiserschnitt MOISSONS	87
Trockenpflanzen PLANTES SÈCHES	89
Und wieder geht ein Jahr UNE ANNEE S'ACHEVE	91
Die dunkle Seite des Kaiserstuhls LA FACE OBSCURE DU KAISERSTUHL	93
Stimmungen des Haselschacher Bucks IMPRESSIONS SUR LE HASELSCHACHER BUCK	95
Rebgarten Kaiserstuhl VIGNOBLES DU KAISERSTUHL	97
Landart L'ART DE LA VIGNE	101
Kirschenzeit LE TEMPS DES CERISES	103
Garten Eden LE JARDIN D'EDEN	107
Der Apfel – aufgeblüht A CROQUER – LA POMME	109
Kirchen, Kapellen, Münster EGLISES, CATHÉDRALE ET CHAPELLES	111
Bonjour L'Alsace	113
Sonnenseite des Kaiserstuhls SUR LE VERSANT ENSOLEILLÉ DU KAISERSTUHL	115
Der Weinberg LE VIGNOBLE	117
Der Mauerfall LA CHUTE DU MUR	119
Büchsenberg · Der Geheimfavorit LE FAVORI CACHÉ · BÜCHSENBERG	121
Amolterer Heide PARC NATUREL	123

Weinbaukultur · Viticulture — 125

Das Gesetz der Schere LA LOI DES SECATEURS	125
Familienaufstellung PORTRAIT DE FAMILLE	129
Feuerwasser L'EAU DE FEU	131
Eau de vie	133
100 Tage im Leben einer Traube LES CENT JOURS D'UNE GRAPPE DE RAISIN	135
Vergessene Kunstobjekte OBJETS D'ART ABANDONNÉS	137
Die Herren vom Schlossberg LES MAÎTRES DU SCHLOSSBERG	139
Das Strickmuster der Natur LES CRÉATIONS DE LA NATURE	141
Die Reifeprüfung MATURITE	143

Der Keller in Rothwyhl *LA CAVE À ROTHWYHL*	145	
Der Winklerberg	147	
Mein Rebhisli *MON REBHISLI*	149	

Kultur · *Culture* — 153

Was für eine Einladung *QUELLE BELLE INVITATION*	153
Türen und Tore am Tuniberg und Kaiserstuhl *BELLE COLLECTION DE PORTES DANS LE KAISERSTUHL ET LE TUNIBERG*	155

„Special" Winter · *Hiver "Special"* — 157

Tiere in grandioser Landschaft *ANIMAUX DANS UN PAYSAGE GRANDIOSE*	159
Spuren und Erinnerungen *TRACES ET SOUVENIRS*	161
Die Antwort kennt nur der Wind *SEUL LE VENT CONNAIT LA RÉPONSE*	163
Winternacht *BONNE NUIT*	165
Nur für einen Tag *UN SEUL JOUR*	167
Nord-Nord-West *NORD - NORD - OUEST*	169
Geometrie der Landschaft *GÉOMÉTRIE DU PAYSAGE*	171
Wellen der Erinnerung *LES VAGUES DE LA MÉMOIRE*	173

Tuniberg · *Tuniberg* — 175

Das ist ein viel zu weites Feld *C'EST UN SUJET BEAUCOUP TROP VASTE*	175
Hinter dem Horizont gehts weiter *A PERTE DE VUE · TUNIBERG*	177
Brot und Wein – Die Ebene *DU PAIN ET DU VIN*	179

Rhein · *Le Rhin* — 181

Im Fluss *DANS LE FLEUVE*	181
Blaue Stunde am Rhein *LES HEURES BLEUES AU BORD DU RHIN*	183
Den Rhein hinunter *EN DESCENDANT LE RHIN*	185
Amazonien am Oberrhein *AMAZONIE DANS LE HAUT-RHIN*	187
Über den Fluss und in die Wälder *AU-DELÀ DU FLEUVE ET SOUS LES ARBRES*	189
Auf einem langen ruhigen Fluss *SUR UNE RIVIERE LONGUE ET CALME*	191
Die Hoffnung kehrt zurück · Auwald *L'ESPOIR RENAIT*	193
Das Geheimnis des Auwalds *LE MYSTÈRE DE LA FORÊT ALLUVIALE DU RHIN*	195
Nur die Veränderung lebt *SEUL LE CHANGEMENT VIT*	199
Die zwei Gesichter eines Flusses *LES DEUX VISAGES D'UNE RIVIÈRE*	201
Schwäne auf dem Rhein *CYGNES SUR LE RHIN*	203

Orte am Kaiserstuhl und Tuniberg · *Lieux particuliers dans le Kaiserstuhl et Tuniberg*

Breisach am Rhein	205
Stephansmünster	207
Breisacher Nachtleben *QUAND LA NUIT TOMBE · BREISACH AM RHEIN*	209
Traumtore Breisach am Rhein *DES PORTES DE REVE · BREISACH AM RHEIN*	211
Der Schatz im Schlossberg *LE TRESOR DU SCHLOSSBERG*	213
Der Jüdische Friedhof in Breisach *LE CIMETIÈRE JUIF DE BREISACH AM RHEIN*	215
Märchenhafte Weinberge · V.-Burkheim *VIGNOBLES FÉÉRIQUES · BURKHEIM*	217
Mittelalter „Live" · V.-Burkheim *LE MOYEN-ÂGE EN DIRECT · BURKHEIM*	219
Endingen	221
Never Endingen *ENDINGEN POUR TOUJOURS*	223
Kräuterspirale Kaiserstuhl *SPIRALE DE L'HERBIER POUR LA SANTÉ*	225
Riegel am Kaiserstuhl	227
Vogtsburg-Schelingen	229
Ihringen am Kaiserstuhl	231
Einsame Spitzenlage · Ihringen *SITUATION IDÉALE*	233
Tagebuch Waltraud Jakob aus Ihringen *LE JOURNAL DE WALTRAUT JAKOB / IHRINGEN*	235
Der Jüdische Friedhof in Ihringen *LE CIMETIÈRE JUIF*	237

Bötzingen · Der Jungbrunnen *LA FONTAINE DE JOUVANCE · BÖTZINGEN*	239
St. Alban · Oberschaffhausen · Bötzingen	241
Wasenweiler	243
Vogtsburg-Bickensohl	245
Amoltern und der Kräuterpfad *SUR LES TRACES DU SENTIER BOTANIQUE*	247
Der Schatz im Silberberg · Bahlingen *LE TRESOR DU SILBERBERG · BAHLINGEN*	249
Kiechlinsbergen und Königschaffhausen	251
Sasbach, Jechtingen und Leiselheim	253
Niederrotweil	255
Vogtsburg-Oberbergen und Oberrotweil	257
Eichstetten am Kaiserstuhl	259
Die Brücke · Eichstetten *LE PONT · EICHSTETTEN*	263
Merdingen am Tuniberg	265
Wyhler Frühling · Wyhl am Kaiserstuhl *LE PRINTEMPS DE WYHL*	267
Hot Spots am Kaiserstuhl Orientierungskarte *GUIDE DES SITES TOURISTIQUES*	271
Impressum	272

6/7

Totenkopf, Badberg und Haselschacher Buck vom Eichelspitz aus gesehen

DER KAISERSTUHL

EINE LANDSCHAFT ZEIGT IHR WAHRES GESICHT

LA FACE CACHEE DU KAISERSTUHL

LES CHAMPS DE NOTRE ENFANCE
Charmant pré fleuri, avec vue unique sur la vallée

Il est de ces lieux et de ces rencontres qui nous transportent aussitôt dans les souvenirs de notre enfance. Tels sont les champs fleuris que l'on trouve sur les sommets du Kaiserstuhl, splendides et uniques en leur genre. Dès les premiers rayons du soleil, les pentes des collines se transforment en une mer ondoyante, parsemée de fleurs de toutes les couleurs. Et lorsque dans l'incomparable diversité de ces champs apparaissent les orchidées dans toute leur splendeur, nous voici perdus. Des papillons volettent autour de nous… Oui, c'est bien là le souvenir merveilleux des prés de notre enfance !

Echte Schlüsselblume · Primula veris

Blumenwiese am Badberg mit Margeriten
Leucanthemum vulgare

Echter Baldrian
Valeriana officinalis

Es gibt Plätze und Begegnungen, die uns direkt in unsere Kindheit zurückführen. Solche Plätze sind die faszinierenden, einmaligen Blumenwiesen oben auf dem Kaiserstuhl. Kaum sind die ersten warmen Sonnenstrahlen da, so verwandeln sich ganze Hänge in ein wogendes Meer von bunten Wiesenblumen. Und wenn dann die Frühsommerwiese mit ihrer ganzen Vielfalt und mit den leuchtenden Orchideen erscheint, sind wir vollends verloren. Schmetterlinge tanzen durch die Lüfte – ja so waren die Wiesen unserer Kindheit.

Sommerwiese mit Blick über den Badbergpfad zu den Schelinger Weinbergen

AUF DEN WIESEN UNSERER KINDHEIT

EINZIGARTIGE BLUMENWIESEN MIT AUSSICHT

Schachbrett-Schmetterling
Melanargia galathea

BADBERGPFAD

ÜBER ALLE BERGE UND NICHT WEIT WEG

Was für ein Weg. Einfach nur laufen auf einem Weg, der irgendwie nicht zu enden scheint. Doch gehen Sie langsam und leise, spüren Sie die Einmaligkeit dieses Augenblicks, erleben Sie die Weite und Größe einer einzigartigen Landschaft, einer der ganz großen Naturlandschaften in Europa.

PAR MONTS ET PAR VAUX
ET POURTANT SI PROCHE
Le sentier du Badberg

Quel chemin unique et incomparable !
Promenez-vous tout simplement sur ce
sentier qui semble ne pas vouloir en finir.
Ralentissez le pas, faites silence,
laissez-vous subjuguer par cet instant
unique et savourez la beauté de ce
paysage grandiose, exceptionnel dans
toute l'Europe.

WANN KOMMT DIE SONNE?

BADBERGPFAD ZWISCHEN LICHT UND SCHATTEN

Schatten wandern über den Haselschacher Buck. Lichtspots klammern sich an den Südhängen des Schelinger Kirchberges, Wolken ziehen auf, vergehen wieder, der Blick zu den Vogesen stimmt uns unruhig. Doch die Sonne schafft es, begleitet uns über den Pfad. Wohin geht unser Blick? Zu den Wolken, zur Sonne, zum Licht oder zum Schatten? Was für ein Tag oben auf dem Badberg.

QUAND REVIENDRA LE SOLEIL ?
Clair-obscur sur les sentiers du Badberg

Des ombres gagnent les hauteurs du Haselschacher Buck, quelques rais de lumière s'accrochent aux pentes du Schelinger Kirchberg, des nuages s'étirent dans le ciel puis disparaissent à nouveau. Au loin les Vosges semblent menaçantes. Puis le soleil réapparaît perçant les nuages et accompagnant nos pas. Vers où se porteront nos regards ? L'ombre, la lumière, les nuages, le soleil... Quelle journée inoubliable là-haut sur le Badberg !

Goldener Scheckenfalter
Euphydryas aurinia

auf Wiesen-Bocksbart
Tragopogon
orientalis

Badberg mit Blick auf Vogtsburg-Schelingen

SOMMER AM KAISERSTUHL

SO SEHEN EIGENTLICH
NUR TRÄUME AUS

Es war wie in einem Traum. Ich lief über endlose, weiche Hügel einer Wiesenlandschaft, Grillen waren zu hören, Vögel sangen ihre Lieder. Blumen in allen Farben waren auf meinem Weg, der Himmel färbte sich rosa und der Duft war der Duft meiner Kindheit, es war einfach nur Glück. Als ich aufwachte, war ich auf dem Kaiserstuhl, ganz oben, es war spätabends im Sommer und es war alles wahr – selbst das Gefühl von Glück.

COMME DANS UN REVE
L'été dans le Kaiserstuhl

C'était comme dans un rêve. Je courais à travers champs dévalant les pentes douces loin à l'infini. Les grillons et les oiseaux entonnaient leurs chants incessants, des fleurs de toutes les couleurs parsemaient mon chemin, le ciel se parait de reflets roses et les odeurs étaient celles de mon enfance. C'était tout simplement le bonheur.
Lorsque je m'éveillais, je me retrouvais au sommet du Kaiserstuhl, tout en haut par un beau soir d'été. Et tout était bien réel, même cet incomparable sentiment de bonheur.

Karthäuser-Nelken
Dianthus carthusianorum

VOLLHERBST AM KAISERSTUHL

DIE GROSSE LIEBE FÜR EINEN KURZEN AUGENBLICK

Schlossberg Vogtsburg-Achkarren

LE GRAND AMOUR UN BONHEUR EPHEMERE
Automne dans le Kaiserstuhl

Nous attendions tous cet instant. Dans les vignobles déjà résonnent les sécateurs et des odeurs de fruits mûrs embaument l'air. Les feuilles des vignes commencent à changer de couleur donnant un cadre flamboyant à ce spectacle exceptionnel. La forêt de hêtres sur les hauteurs du Kaiserstuhl se surpasse en splendeur. Il nous faudra être rapide pour les vendanges, mais aussi pour saisir et savourer ces instants de beauté fugitive. Car comme l'amour parfois, ce bonheur si intense ne dure qu'un temps. Gardons-en le souvenir précieux pour faire face à la grisaille et la solitude de jours à venir.

Darauf haben alle gewartet. In den Weinbergen klingen die Rebscheren, Düfte von reifen Früchten wehen durch alle Lüfte. Die Blätter im Weinberg beginnen sich zu verfärben, geben den passenden Rahmen für ein einzigartiges Schauspiel. Der Buchenwald auf den Höhen des Kaiserstuhls setzt allem die Krone auf. Doch nicht nur bei der Ernte müssen wir jetzt schnell sein, auch wenn wir als Genießer dieses Schauspiel erleben wollen, müssen wir den richtigen Moment erwischen. Denn, wie so manche Liebe, währt dieses Glück nur für kurze Zeit – umso schöner ist es. Halten wir es fest in unserer Erinnerung, für ganz graue, einsame Zeiten.

EINMAL WIEDER NUR EINE WIESE ERLEBEN

WIE WELLEN LÄSST DER WIND DIE GRÄSER TANZEN

Wiesenkerbel
Anthriscus sylvestris

Inmitten einer Wiese liegen und träumen – das ist der Inbegriff vollendeter menschlicher Harmonie. Maikäfer fangen, Heuschrecken jagen und sich Marienkäfer über den Handrücken laufen lassen, das sind die Zutaten, die dieses Gefühl noch steigern. Dem Wind zuschauen, wie er die Gräser zu einem Wellenmeer bewegt und ganze Wogen über den Hang laufen läßt. Eine kleine weiße Wolke läßt einen Schatten erscheinen, die Wege durch das Gras sind ein Erlebnis. Ein Gewitter kommt auf und läßt uns fürchten – jetzt Vivaldi hören, oder einfach nur die Stille genießen – das ist der Kaiserstuhl zwischen Frühjahr und Sommer.

SOUVENIRS D'ENFANCE
Le vent fait ondoyer les prés

Rêver, allongé au milieu d'un champs, n'est-ce pas là l'accomplissement suprême d'une parfaite symbiose avec la nature ! Partir à la chasse aux hannetons, attraper un grillon, laisser une coccinelle vous chatouiller le dos de la main, et voici que s'accroît plus encore ce sentiment de bonheur. Observer le vent lorsqu'il transforme les champs en une mer houleuse déferlant du haut des collines. Un petit nuage blanc dessine son ombre au sol, marcher dans l'herbe haute devient une aventure sans pareille. Au loin, un orage s'annonce et le coeur frémit. A présent, écouter du Vivaldi ou se délecter du silence...
Voici le Kaiserstuhl au fil des saisons, du printemps jusqu'à l'été.

Wiesen auf dem Badberg

Aufrechte Trespe
Bromus erectus

Wiese beim Katharinenberg

Die schönsten Gräser liegen gleich am Wegesrand. Was auf den ersten Blick einfach nur nach Gras aussieht, zeigt sich beim genaueren Hinsehen als wahre Schönheit. Die Aufrechte Trespe macht den schönsten Blumen Konkurrenz, und wenn der Glatthafer im Wind hin und her wiegt, ist das schon ein Erlebnis.

Les plus belles plantes poussent au bord des chemins. Ce qui semblerait vulgaire brindille d'herbe au premier abord se révèle d'une beauté particulière à l'oeil attentif. Le brome dressé fait concurrence aux fleurs les plus belles, tout comme l'avoine sauvage secouée par les vents.

Die letzten Momente eines Tages sind es, die den weichen Hügelbergen des Kaiserstuhls eine ganz zarte, fast erotische Ausstrahlung geben.
Langgezogene Kurven, warme Strahlen, runde Hügelreihen, grüne Bögen, tiefe Einschnitte, zartes Licht. Menschen, die fühlen, Augen, die sehen, und Herzen, die spüren –
Poesie der Natur.

Poésie de la nature
LE PLUS BEAU MOMENT DE MA VIE

C'est à la tombée du jour, lorsque les dernières clartés atteignent les pentes douces du Kaiserstuhl que transparaît la délicatesse presque érotique de ces paysages. A l'horizon se languissent les collines, alignées en courbes verdoyantes. Les lueurs douces et tamisées du soleil couchant illuminent encore la profondeur des vallées. Les yeux voient, le coeur s'attendrit, l'être s'émeut devant la poésie de la nature.

SCHÖPFUNGSGESCHICHTE „LIVE" AM KAISERSTUHL

ES WERDE LICHT

Fast wie in einer Wüste lassen sich hier im zentralen Kaiserstuhl die unterschiedlichsten Dünenbildungen erkennen. Das letzte Licht des Tages modelliert an den Formationen noch mit. Doch hier ist alles aus Stein.
Der Kaiserstuhl ist uns Ersatz für so manche Landschaft, die wir eher aus fremden Ländern kennen – doch der Eindruck einer Wüste ist uns dann doch die ungewöhnlichste Erscheinung.

QUE LA LUMIERE SOIT
La Genèse en direct dans le Kaiserstuhl

Semblables aux paysages d'un désert de sable, des dunes apparaissent dans les dernières lueurs du Kaiserstuhl. Pourtant ces formations ne sont ici que de pierre et évoquent par leur étrange ressemblance de lointaines contrées.

POUR QUI SONNE LE GLAS
Les coquerelles prémices du printemps

C'est à la mi-mars aux endroits les plus exposés du Kaiserstuhl, sur les crêtes les plus battues par les vents qu'apparaissent dans l'herbe jaunie les premiers signes du printemps. Les anémones pulsatilles communément appelées coquerelles (Pulsatilla vulgaris) pointent témérairement leur nez à la surface, à la recherche d'un rayon de soleil. Sur les versants des côteaux elles déploient toute leur beauté en un tapis de fleurs violettes. Dans peu de temps viendront s'y mêler les narcisses et les primevères. L'anémone se fanera bientôt et pourtant cette beauté du Kaiserstuhl desséchée alors, se détachera encore longtemps dans le clair-obscur des campagnes.
L'outrage du temps n'a ici aucune importance.

WEM DIE STUNDE SCHLÄGT

KÜCHENSCHELLEN LÄUTEN DEN FRÜHLING EIN

Mitte März auf dem Kaiserstuhl. Genau an den rauesten Stellen, an den windigsten Kanten kommen jetzt die ersten Zeichen des Frühjahrs durch die braune Grasdecke. Küchenschellen (Pulsatilla vulgaris) drängen an die Oberfläche, suchen das Sonnenlicht, entfalten ihre ganze Schönheit, färben ganze Hänge und Bergkanten in ein violettes Band. Bald mischen sich Schlüsselblumen und Narzissen mit in den Frühling und lassen die Pulsatilla langsam verblühen. Lange steht diese Kaiserstuhlschönheit noch an ihrem Platz und spielt im Gegenlicht mit ihren trockenen Gräsern. Hier spielt die Zeit keine Rolle.

IM GELBEN TRIKOT

NARZISSEN, SCHLÜSSELBLUMEN,
HORNKLEE UND HAHNENFUSS

Jakobs-Greiskraut
Senecio jacobaea

Hahnenfußwiese bei Oberbergen
Ranunculus

Färber-Ginster
Genista tinctoria

Mandelblättrige Wolfsmilch
Euphorbia amygdaloides

Schlüsselblumenwiese am Badberg
Primula veris

Gewöhnlicher Hornklee
Lotus corniculatus

Narzissen am Badberg
Narcissus

Wenn es um Schnelligkeit geht, haben Schlüsselblumen und Narzissen zurecht das gelbe Trikot an. Diese Führungsposition wird ihnen eigentlich nur von den Küchenschellen streitig gemacht. Eine ganze Wiese voll mit Schlüsselblumen, Narzissen oder Hahnenfuß, das ist das, was wir Sehnsucht nennen.

MAILLOT JAUNE
Narcisses, primevères, pieds de poule et boutons d'or

En ce qui concerne la rapidité, les narcisses et les primevères méritent effectivement le maillot jaune ! Et cette première place ne leur est disputee que par les coquerelles tout aussi rapides à pousser dès les premiers rayons de soleil. Un champs plein de coucous, narcisses et boutons d'or et voila que reviennent en nous de doux souvenirs de notre enfance !

ICH SEHE ROT

DER KAISERSTUHL IST EINE DROGE

Klatschmohn
Papaver rhoeas

Herbstwald bei der Katharinenkapelle

Vogelsang

Futteresparsette
Onobrychis vicifolia

Der Kaiserstuhl selbst ist eine Droge, wer ihm verfallen ist, kommt nicht mehr los. Ähnliche Wirkungen zeigen da nur die Mohnblumen, der Spätburgunder Rotwein und das Kirschwasser. Auf dem Kaiserstuhl ist alles rot – das Gegenteil von tot.

JE VOIS ROUGE
Le Kaiserstuhl est une drogue

Le Kaiserstuhl est véritablement une drogue dont on ne peut plus se passer si on en a goûté les charmes envoûtants. Seuls la fleur de pavot, un cru de Burgunder rouge ou un verre de kirsch ont de semblables effets. Dans le Kaiserstuhl tout porte la couleur rouge synonyme de vie.

Karthäuser-Nelken
Dianthus carthusianorum

Hohler Lerchensporn
Corydalis cava

*R*osenrot sprang lieber in den Wiesen und Feldern umher, suchte Blumen und fing Sommervögel; Schneeweißchen aber saß daheim bei der Mutter.

Brüder Grimm

Wir halten es mit Rosenrot.

Karthäuser-Nelke
Dianthus carthusianorum

LA VIE EN ROSE
Roses et oeillets sauvages
Une histoire de princesses

Rose-Rouge courait volontiers dans les prés et dans les champs à la recherche de fleurs et de papillons. Blanche-Rose elle, restait à la maison auprès de sa mère.

Frères Grimm

Nous aussi, comme Rose-Rouge nous préférons courir les champs !

Platterbsen · Lathyrus

Hunds-Rose · Rosa canina

GANZ IN WEISS

MILCHSTERN, WEISSE ORCHIDEEN
UND MAIGLÖCKCHEN

Aufrechter Ziest
Stachys recta

Weißer Honigklee
Melilotus albus

Wiesenkerbel
Anthriscus sylvestris

Doldiger Milchstern
ornithogallum umbellatum

Gemeine Schafgarbe
Achillea millefolium

Maiglöckchen
Convallaria majalis

Weiß ist die Farbe für Reinheit und Ursprünglichkeit. So hüllen sich die Hänge und Böschungen des Kaiserstuhls in ein weißes Kleid, als wären sie geschmückt für eine Hochzeit.

TOUTE DE BLANC VETUE
Ornithogale, orchidée blanche et muguet

Blanc est la couleur de l'innocence originelle. Et cette couleur sied au Kaiserstuhl dont les pentes et les bosquets se revêtent comme pour l'apparat d'un cortège nuptial.

Zweiblättrige Waldhyazinthe
Platanthera bifolia

Die Kaiserstuhlanemonen (Anemone sylvestris) machen den vielen Weinköniginnen am Kaiserstuhl echte Konkurrenz. Wie bei einem Schönheitswettbewerb stehen die strahlenden Windröschen am Hang und wackeln mit ihren weißen Köpfchen. Wer sie entdeckt, wird sich gleich unsterblich in sie verlieben.

MISS KAISERSTUHL

Les anémones du Kaiserstuhl sont tout simplement les plus belles

Les anémones du Kaiserstuhl représentent une véritable concurrence pour les Reines du Vin de la région. Parées comme pour une élection de miss, éclatantes de beauté, elles agitent leurs blancs pétales au flanc des collines. Celui qui les découvrira tombera éperdument amoureux de ces splendeurs éphémères.

MISS KAISERSTUHL

DIE KAISERSTUHLANEMONEN SIND EINFACH DIE SCHÖNSTEN

40/41

ALLEZ LES BLEUS

VON GLOCKENBLUMEN UND WIESENSALBEI BIS HINAB ZUR TEUFELSKRALLE

Wiesensalbei, Glockenblumen, Iris und Teufelskrallen lassen jetzt die Welt am Kaiserstuhl in Blau erscheinen. Manchmal glaubt man auch, ein Picasso hat sich hier eine Anleihe gemacht. Nach der blauen Phase folgt die nächste Epoche.
Die Teufelskralle macht im Detail ihrem Namen alle Ehre. Doch auch diese Pracht ist vergänglich – jetzt beherrscht der Wiesensalbei die Hänge und beeindruckt in Größe, Mächtigkeit und Ausstrahlung. Da geben die Wiesen voller Glockenblumen ein eher harmonisches Geläut, so durchscheinend und zart sie jetzt im letzten Gegenlicht wirken.

Pfirsichblättrige Glockenblume
Campanula persicifolia

ALLEZ LES BLEUS
Campanules, sauges et griffes du diable

A présent la sauge des champs, la campanule, l'iris et la griffe du diable donnent au Kaiserstuhl des reflets bleutés. On se croirait par instant plongé dans la phase bleu d'un Picasso.
Si on l'observe dans le détail, la griffe du diable porte bien son nom mais cette parure est éphémère et cèdera bientôt sa place à la sauge. Haute sur tige, d'un bleu profond. elle pousse de préférence sur les pentes des collines alors que la campanule frêle et délicate envahit les champs de ses clochettes translucides.

Rapunzel-Glockenblume
Campanula rapunculus

Pfirsichblättrige Glockenblume
Campanula persicifolia

Wald-Vergissmeinnicht · Myosotis sylvatica

Wiesensalbei · Salvia pratensis

Gewöhnlicher Natternkopf · Echium vulgare

Kugelige Teufelskralle · Phyteuma orbiculare

AUSGEWILDERT
IRISBLÜTE AM SCHLOSSBERG IN ACHKARREN

Deutsche Schwertlilie
Iris germanica

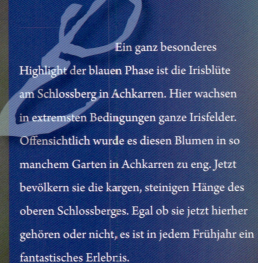

Ein ganz besonderes Highlight der blauen Phase ist die Irisblüte am Schlossberg in Achkarren. Hier wachsen in extremsten Bedingungen ganze Irisfelder. Offensichtlich wurde es diesen Blumen in so manchem Garten in Achkarren zu eng. Jetzt bevölkern sie die kargen, steinigen Hänge des oberen Schlossberges. Egal ob sie jetzt hierher gehören oder nicht, es ist in jedem Frühjahr ein fantastisches Erlebnis.

BELLES SAUVAGEONNES
Floraison d'iris sur le Schlossberg à Achkarren

L'apothéose de la phase bleue a lieu à Achkarren sur le Schlossberg lors de la floraison des iris. De toute évidence ces fleurs se sentaient trop à l'étroit dans les jardins de Achkarren et elles se sont répandues sur les pentes pierreuses du Schlossberg bravant des conditions météorologiques extrêmes. Mais qu'elles soient d'ici ou d'ailleurs, qu'importe ! Ces fleurs ne cessent de nous émerveiller chaque printemps.

Affenknabenkraut
Orchis simia

ROSAROTE ZEITEN

ORCHIDEEN UND ANDERE KREATIVE SCHÖNHEITEN

Die Schönheit und Anmut der wilden Orchideen zu entdecken, ist eine wahre Leidenschaft. Oft versteckt, an schwer zugänglichen Hängen entwickeln sie eine Farben- und Formenpracht, die jedem Künstler Konkurrenz macht. Und viele dieser Orchideen und andere Pflanzen sind einzigartig, von ihren Namen her sowieso. Die Geschichte geht vom Affenknabenkraut über den Flockenblumenwürger bis zum Türkenbund. Allein ihre Namen sind schon eine Abenteuergeschichte.

UN PETIT COIN DE PARADIS
Orchidées et autres beautés extravagantes

Découvrir la beauté gracieuse d'une orchidée sauvage est une passion sans pareille. Souvent cachées à flanc de collines aux endroits les moins accessibles, ces fleurs se parent de formes et de couleurs prestigieuses et inégalées. L'artiste lui-même reste muet devant une si prolifique et majestueuse beauté. Quant à leurs noms aux sonorités étranges, ils semblent sortis tout droit d'un roman d'aventure.

Geflecktes Knabenkraut
Dactylorhiza maculata

Mandelblüte

Dornige Hauhechel
Ononis spinosa

Taubenkropf-Leimkraut
Silene vulgaris

Moschus-Malve
Malva moschata

Diptam
Dictamnus albus

Diptam · *Dictamnus albus*

Türkenbund
Lilium martagon

Pyramidenorchis
Anacamptis pyramidalis

DIE FARBE LILA

ASTERN, ORCHIDEEN UND LUPINEN

Lupinenwiese
Lupinus polyphyllus

Astern
Aster amellus

Heilziest
Betonica officinalis

Mücken-Händelwurz
Gymnadenia conopsea

Blutstorchenschnabel
Geranium sanguineum

Eisenkraut · Verbena officinalis

Die Farbe Lila hat für uns Menschen eine geheimnissvolle, magische Ausstrahlung. In der Natur ziehen uns lila Pflanzen in ihren Bann. Von wilden Astern sind wir begeistert, die wildwuchernden Lupinen finden wir einfach nur schön, den leuchtenden Storchenschnabel faszinierend. Wenn die Farbe Lila die Hänge des Kaiserstuhls bestimmt, fühlen wir einfach nur eine einzigartige Ruhe und Ausgeglichenheit.

LA COULEUR MAUVE

La couleur mauve exerce sur chacun de nous un attrait magique, mystérieux. Dans la nature les fleurs de couleur mauve nous ravissent. Les asters sauvages nous enchantent, les lupins prolifiques nous émerveillent, les géraniums des prés nous fascinent. Lorsque la couleur mauve prend possession des pentes du Kaiserstuhl, une paix douce et sereine se répand en nous.

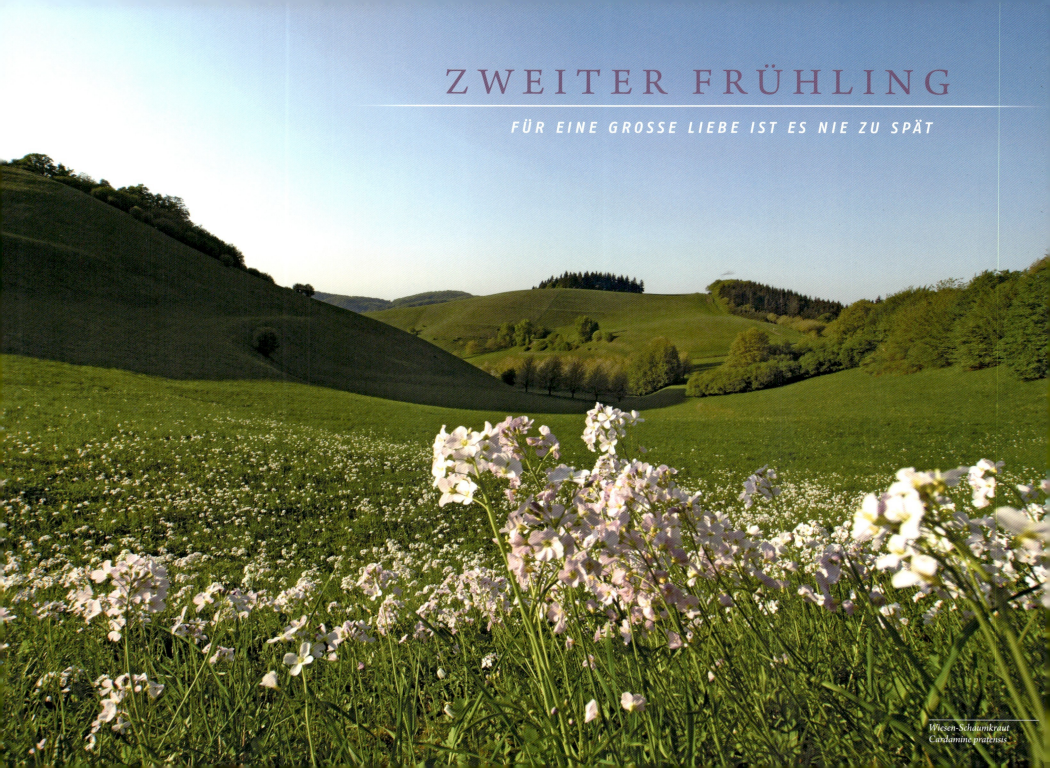

ZWEITER FRÜHLING

FÜR EINE GROSSE LIEBE IST ES NIE ZU SPÄT

Wiesen-Schaumkraut
Cardamine pratensis

REFAIRE JEUNESSE
Le printemps dans le Kaiserstuhl.
Il n'est jamais trop tard pour le grand amour

Si par mégarde vous vous retrouviez pour la première fois au printemps dans le Kaiserstuhl, vous risqueriez alors d'être saisi d'un coup de foudre inoubliable. Et si d'aventure vous cédiez à la tentation d'ouvrir votre cœur à ce grand amour, vous ne manqueriez alors jamais de fleurs tout au long de l'année. Ne serait-ce pas là une merveilleuse aventure !

Rispige Graslilie
Anthericum ramosum

Zweiblättrige Waldhyazinthe
Platanthera bifolia

Wenn Sie sich mitten im Frühling, dem Kaiserstuhl zum ersten Mal so richtig nähern, dann kann es gut sein, dass Sie Ihren ganz persönlichen „Zweiten Frühling" erleben. Wenn Sie sich auf diese große Liebe einlassen, dann werden Sie das ganze Jahr über mit Blumen beschenkt – was für eine wundervolle Beziehung.

Brandknabenkraut
Orchis ustulata

Färber-Ginster
Genista tinctoria

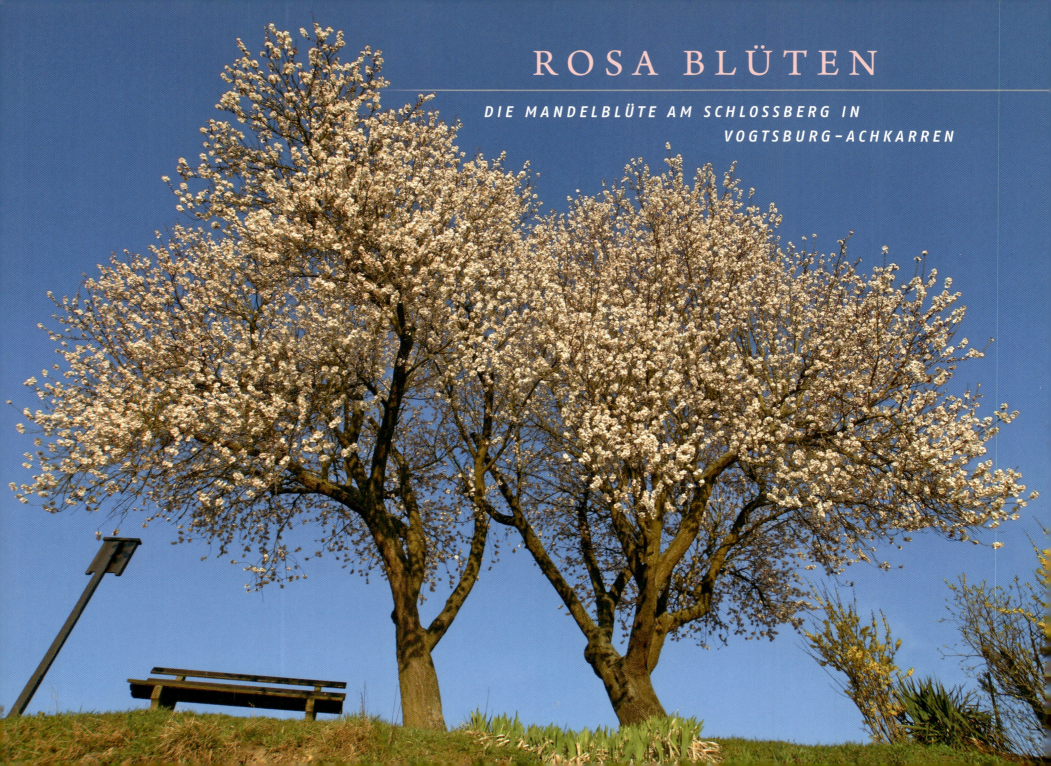

ROSA BLÜTEN

DIE MANDELBLÜTE AM SCHLOSSBERG IN VOGTSBURG–ACHKARREN

Gut, wir können auch nach Mallorca zur Mandelblüte reisen oder besser gleich nach Japan. Wir können aber auch zu Fuß gehen, an den Schlossberg nach Achkarren, um die fulminanten Reize der Mandelblüte zu erleben. Spätestens in den ersten Märztagen schimmert der Schlossberg rosa. Jetzt läßt sich die Blüte nicht mehr aufhalten und verspricht uns einen wunderbaren Frühling.

FLEURS ROSES
Les amandiers en fleurs sur le Schlossberg à Vogtsburg-Achkarren

Bien sûr nous pourrions aller à Majorque pour assister à la floraison des amandiers, ou peut-être même au Japon. Pourtant une simple promenade à pied jusqu'à Achkarren nous suffit pour y admirer la beauté délicate des amandiers en fleurs sur les pentes du Schlossberg. Dès les premiers jours de mars, le Schlossberg prend des reflets rosés nous donnant la promesse d' un printemps fleuri et merveilleux.

PAPILLONS

FASZINIERENDE WELT DER SCHMETTERLINGE

Libellen-Schmetterlingshaft
Libelloides coccajus

Der vielleicht größte Schatz des Kaiserstuhl sind die Schmetterlinge. Auf engstem Raum wechseln sich der Flug des libellenartigen Schmetterlingshaft und der verschiedensten Bläulinge ab. Mit dem Großaufgebot der Schachbrett-Schmetterlinge geht die Flugparade weiter. Einen Schmetterling zu beobachten, ist ein faszinierendes Erlebnis einer ganz anderen Welt. Mehrere Schmetterlinge im Flug wahrzunehmen, gibt uns Inspiration für unser Leben und ein ganz großes Gefühl von Freiheit. Lassen wir sie fliegen durch die Wiesen am Badberg und des ganzen Kaiserstuhls.

PAPILLONS
L'univers fascinant des papillons

Les papillons sont peut-être le plus grand trésor du Kaiserstuhl. En étroite compagnie s'alterne tour à tour le vol des papillons libelloïdes et azurés. Un papillon échiquier vient compléter cette majestueuse parade aérienne. Observer un papillon est un instant fascinant, à la découverte d'un univers surprenant. Les regarder butiner de fleur en fleur, éveille en nous un sentiment de grande liberté.
Laissons ces papillons voleter à leur aise à travers les champs du Badberg et du Kaiserstuhl.

Braun-Dickkopffalter · Thymelicus sylvestris

Schachbrett-Schmetterlinge
Melanargia galathea

Kleiner Fuchs · Nymphalis urticae

Scheckenfalter
Melitaea cinxiaa

Perlmuterfalter
Boloria dia

Schachbrett-Schmetterling
Melanargia galathea

Aurorafalter
Anthocharis cardamines

Widderchen
Zygaena transalpina

Kein Platz für
Schmetterlinge

Nickende
Distel
Carduus
nutans

Scheckenfalter
Euphydryas aurinia

Himmelblaue Bläulinge
Polyommatus bellargus

BLAUER MONTAG

DIE ZWEI SEITEN DER BLÄULINGE

ECOLE BUISSONNIERE
Papillons azurés dans le Kaiserstuhl

Les nombreuses espèces de papillons azurés que l'on rencontre dans le Kaiserstuhl sont loin de faire l'école buissonnière. Bien au contraire ces insectes font preuve d'une activité très prolifique. Ce qui fait la joie des amis de la nature ! Si vous avez un jour le bonheur de voir le ciel rempli d'une foule de petits papillons bleus, féb' les au dessus d'un champs de fleurs, vous n'oublierez jamais ce moment unique. Et lors de vos vieux jours, vous souhaiterez revivre encore ce spectacle extraordinaire.

Alexis-Bläulinge
Glaucopsyche alexis

Von wegen „blaumachen". Die vielen unterschiedlichen Bläulinge, die es am Kaiserstuhl gibt, sind sehr aktiv, vor allem, wenn es um ihren Nachwuchs geht. Es freut den Naturliebhaber, Blumenwiesen zu erleben, über denen der Himmel fast blau ist, blau vor lauter Schmetterlingen. Das sind Eindrücke, die – einmal erlebt – nie wieder vergessen werden. Und vor allem sind das Eindrücke, die wir immer wieder neu erleben wollen.

Gewöhnliche Bläulinge
Polymmatus icarus

VERWANDLUNGSKÜNSTLER

FASZINATION SCHMETTERLINGE

Schwalbenschwanz
Papilio machaon

Von der Raupe zum Schmetterling – die vielleicht einfachste Geschichte der Natur. Und doch ist diese Verwandlung ein wahres Ereignis, ein richtiges Wunder. Und was Kinderphantasien begeistert, sollten auch wir wieder entdecken. Auf den Wiesen des Kaiserstuhls ist das ein wahres „Kinderspiel".

ARTISTE DE VARIETES
L'univers fascinant des papillons

La chenille se transforme en papillon et c'est peut-être l'histoire la plus naturelle au monde ! Cependant cette métamorphose demeure un véritable miracle, une merveille de la nature. Tout comme les enfants, à l'imagination vagabonde, laissons-nous séduire par ce mystère de la nature. Dans les prés du Kaiserstuhl cela s'avère être un jeu d'enfants !

Ästige Graslilie
Anthericum ramosum

EINE REISE NACH LILIPUT

DEN KAISERSTUHL UNTER DIE LUPE GENOMMEN

Gerne lassen wir unsere Blicke über die weichen Hügel in die Ferne schweifen, doch manchmal lohnt sich der Blick in die Tiefe, die gerade vor uns liegt. Große Augen schauen uns an, lange Fühler tasten nach uns. Plötzlich erscheinen Blumen und Tiere vor uns, die wir niemals wahrnehmen würden. Betreten Sie eine ganz neue Welt, die schon immer da war.

Schachbrett-Schmetterling
Melanargia galathea

VOYAGE A LILLIPUT
Le Kaiserstuhl sous la loupe

Nous laissons avec plaisir notre regard se perdre à l'horizon par delà les collines à pentes douces. Et pourtant, parfois un regard profond tout près de nous, dévoile des richesses inattendues. De grands yeux nous observent, de longues antennes nous effleurent délicatement. Des fleurs et des insectes à qui nous ne prêtions aucune attention surgissent soudainement nous invitant à entrer dans un monde nouveau, existant déjà de tout temps.

Ameisen-Sackkäfer
Clytra laeviuscula

VOGELHOCHZEIT AM KAISERSTUHL

DER WIEDEHOPF · BILDER VON MAXIMILIAN DORSCH

Hüpf, hüpf und weg war er. So weit etwa reichen unsere Erfahrungen mit dem Wiedehopf, der offensichtlich nicht umsonst so heißt. Auch hier heißt das Motto: Je schöner, desto scheuer. Schade, denn so eine Vogelhochzeit, bei der der Wiedehopf eine große Rolle spielt, hätten wir doch gerne einmal beobachtet. Für uns hat das der Fotograf Maximilian Dorsch übernommen, der die Einflugschneise des Wiedehopfes kennt und diese für uns beobachtet hat.

PARADE NUPTIALE DANS LE KAISERSTUHL
La huppe fasciée.
Photos de Maximilian Dorsch.

„Houp-oup-oup" ! Tel est le chant de la huppe fasciée si belle avec son plumage rayé et cependant si craintive.
Dommage ! Car nous aurions aimé la surprendre dans ses ébats. Le photographe Maximilian Dorsch, habile connaisseur de cet oiseau craintif, nous livre ces prises de vue remarquables.

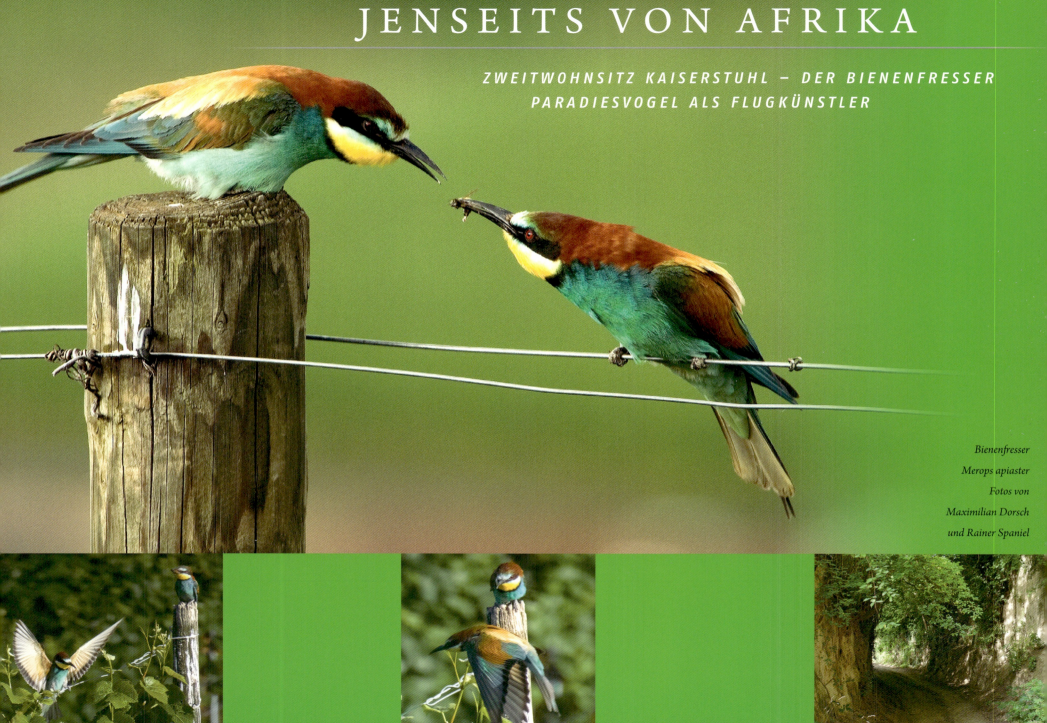

JENSEITS VON AFRIKA

ZWEITWOHNSITZ KAISERSTUHL – DER BIENENFRESSER
PARADIESVOGEL ALS FLUGKÜNSTLER

Bienenfresser
Merops apiaster
Fotos von
Maximilian Dorsch
und Rainer Spaniel

Warum dieser Paradiesvogel den Sommer über an den Kaiserstuhl kommt, ist eigentlich schnell beantwortet. Optimale Temperaturen und offensichtlich ganz besonders leckere Bienen schaffen in den Hohlgassen am Kaiserstuhl beste Voraussetzungen für den Sommersitz dieser farbigen Flugkünstler. Und es ist schon ein ganz besonderes Erlebnis, wenn am späten Nachmittag Ruhe im Weinberg einkehrt und nur noch das markante Gezirpe der Bienenfresser zu hören ist. Es klingt mittlerweile schon wie die Hymne des Kaiserstuhls.

SOUVENIRS D'AFRIQUE
Le Kaiserstuhl résidence secondaire du guêpier, oiseau migrateur aux prouesses aériennes.

Pourquoi cet oiseau de paradis vient-il passer l'été dans la région du Kaiserstuhl est une question dont la réponse est simple ! Des températures idéales, de délicieuses guêpes et abeilles dont il est très friand sont autant de conditions favorables au séjour estival de cet oiseau bigarré qui excelle dans les airs. Et c'est un moment plein de charme lorsque le soir, dans le silence des vignobles retentit le chant si particulier du guêpier. Ce gazouillement n'est-il d'ailleurs pas déjà sur le point de devenir l'hymne du Kaiserstuhl !

C'EST CHOUETTE !
La chouette chevêche dans les vergers du Kaiserstuhl

La chouette chevêche est un oiseau étrange et particulièrement dans le Kaiserstuhl. Elle niche dans le creux des arbres de vergers isolés et ses yeux attentifs lui confèrent un air fidèle. Ici, dans le Kaiserstuhl, la reproduction de ce rapace est assurée, ce qui est bon signe pour la région. Mais attention ces oiseaux chassent la nuit, rasant le sol à l'affût de souris.

Steinkauz
Athene noctua

Fotos von
Maximilian Dorsch

Käuze sind sonderbare Wesen – Kaiserstühler Steinkäuze erst recht. Versteckt in einsamen Streuobstwiesen schauen sie uns mit ihren treuen Augen an. Dass es auch hier Nachwuchs gibt, ist ein gutes Zeichen. Doch Vorsicht, die Steinkäuze sind Nachtjäger, die unmittelbar über dem Boden nach Mäusen jagen.

WAS FÜR EIN KAUZ

STEINKÄUZE UNTERWEGS IN KAISERSTÜHLER OBSTWIESEN

TANZ DER VAMPIRE

LEBENSRAUM FÜR SMARAGDEIDECHSEN, HIRSCHKÄFER, GOTTESANBETERINNEN UND ANDERE TIERE AUS VERGANGENEN ZEITEN

Smaragdeidechse · Lacerta bilineata

Gottesanbeterin · Mantis religiosa

Eichenwälder, in denen die Natur ihre eigene Gesetze hat, Mauern, Treppen und Böschungen aus Vulkanstein – steile, unzugängliche Hänge, lichter Waldboden, das sind Lebensräume für Smaragdeidechsen, Hirschhornkäfer und so manche Art, die uns von vergangenen Zeiten erzählen. Fasziniert stehen wir plötzlich vor einer ganz anderen Welt, mit der wir im Kaiserstuhl in Verbindung treten können.

Hirschkäfer
Lucanus cervus

70/71

LE BAL DES VAMPIRES
Domaine vital du lézard vert, du lucane cerf-volant, de la mante religieuse et autres espèces issues de temps révolus.

Les forêts de chênes dans lesquelles la nature a ses propres lois, les murets et escaliers de pierres, les talus de roches volcaniques, les pentes raides et inaccessibles et le sol meuble des bois forment l'espace vital du lézard vert, du scarabée cerf-volant et de toute autre espèce impressionnante qui semble nous parler de temps révolus. Fascinés, nous nous trouvons soudainement face à un univers étrange qui nous invite à sa découverte dans la région du Kaiserstuhl.

AMORE MIO

AM KAISERSTUHL SIND SIE SCHON UNTERWEGS IN DIE TOSKANA

Baßgeige bei Oberbergen

A Sanfte Hügel, Felder und Wiesen voller leuchtender Mohnblumen, von mystischen Nebeln durchzogene Täler, historische Städte mit dominanten Kirchen, mediterrane Stimmungen in engen Gassen, Weinberge mit rustikalen Ortschaften – das alles verbinden wir auch mit dem Begriff „Toskana". Und das alles finden wir am Kaiserstuhl.

72/73

AMORE MIO · Un petit air d'Italie

Songeant à la Toscane, nous imaginons des paysages vallonnés, des champs parsemés de coquelicots écarlates, des vallées mystérieuses et embrumées; ou encore des villages aux ruelles étroites avec leurs églises pittoresques, des auberges rustiques perdues au milieu des vignobles. Et bien, inutile d'aller plus loin! Ces paysages de rêve se trouvent à portée de main, ici même dans le Kaiserstuhl.

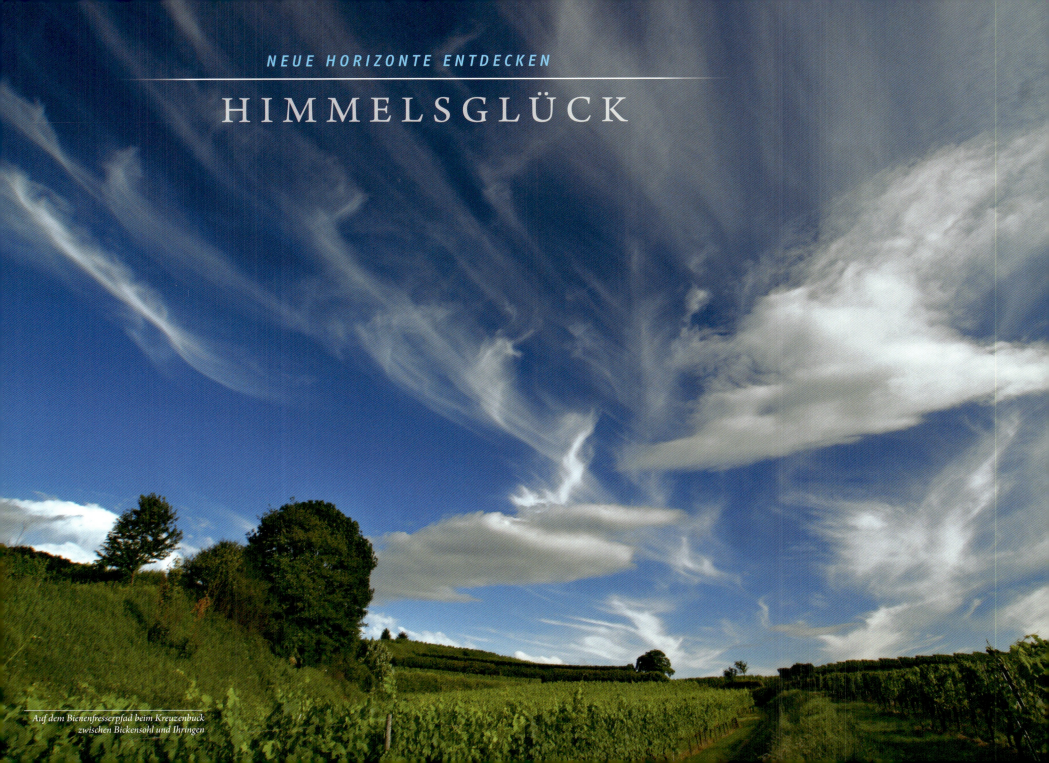

Auf dem Bienenfresserpfad beim Kreuzenbuck zwischen Bickensohl und Ihringen

NEUE HORIZONTE ENTDECKEN

HIMMELSGLÜCK

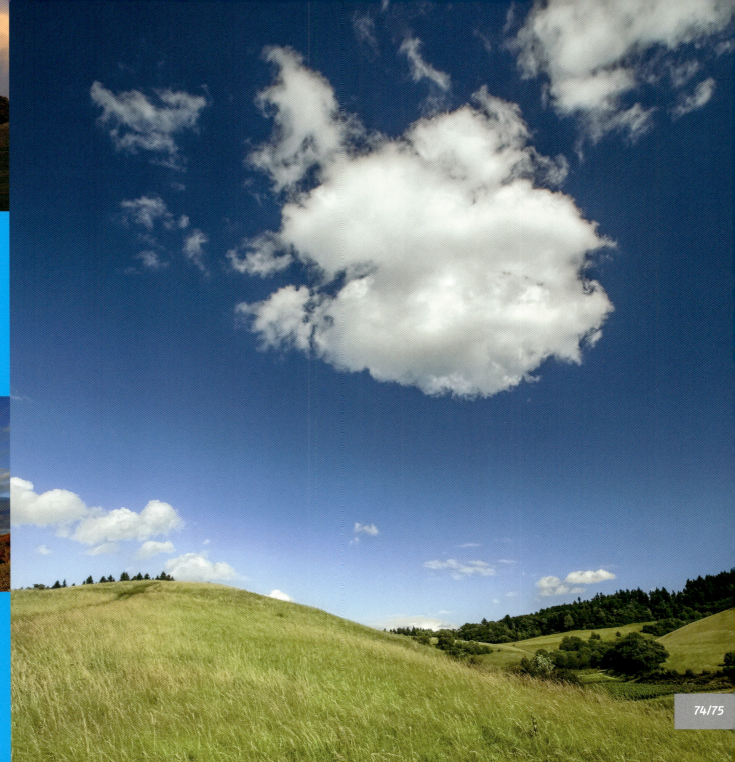

Neue Horizonte wollen wir entdecken, einfach mal was anderes erleben. Verändern wir unsere Sichtweise und entdecken wir die Schönheiten direkt vor unserer Tür, oder über unseren Horizonten.

LE CIEL A PORTEE DE MAIN
Horizons nouveaux dans le Kaiserstuhl

Nous aimerions partir à l'aventure, découvrir des horizons nouveaux.
Et s'il suffisait simplement d'aiguiser le regard, de découvrir la beauté tout près de chez nous, par-delà l'étroitesse de nos propres horizons.

ZWISCHEN
HIMMEL UND ERDE

FASZINIERENDES SCHAUSPIEL ÜBER DEM KAISERSTUHL

Wolken ziehen herauf von West oder Nord-West und bringen uns … ja einfach nur faszinierende Schönheit. Wie ein Spiegelbild zur weichen Landschaft des inneren Kaiserstuhls ziehen Cumulusformationen vorbei und beginnen zusammen mit der Sonne ein faszinierendes Schauspiel der Landschaftsbeleuchtung. Fast so, wie wir als Kinder heimlich mit der Taschenlampe im Bett Abenteuerromane gelesen haben, ziehen die Spots und Lichtkleckse über die Berge, tiefe Schatten verharren in den Tälern und verbergen uns den Weg. Jetzt heißt es einfach nur warten und staunen.

LA TETE DANS LES NUAGES
Spectacle fascinant au dessus du Kaiserstuhl

A l'horizon, venant de l'est ou du nord-ouest se forment de saisissants nuages, dessinant de superbes motifs dans le ciel du Kaiserstuhl. Tels un doux reflet des paysages vallonnés de cette contrée, quelques cumulus prennent forme, transformant la région en un spectaculaire décor d'ombre et de lumière. A la dérobée, comme ces enfants qui secrètement lisent la nuit avec une lampe de poche, les nuages semblent s'étirer, illuminant de temps à autres le sommet d'un coteau, ou bien plongeant dans l'ombre la vallée, obstruant toute visibilité pour un instant. Il suffit d'être patient à présent, attendre et contempler ce spectacle naturel.

Aber zwischen Himmel und Erde
wurd ich am einsamster.

Mais entre ciel et terre,
c'est là que je me sentis le plus seul.

Jean Paul

HOHLGASSEN IN BICKENSOHL UND IM KAISERSTUHL

TIEFE SPUREN DER VERGANGENHEIT

*Eichbuckhohlgasse
Bickensohl*

Wir hinterlassen überall unsere Spuren. Am Kaiserstuhl erst recht. Überall ist hier der Eingriff des Menschen in die Landschaft zu spüren. Und doch manchmal entstehen auch dadurch Lebensräume, kuriose Gestalten und Eigenwilligkeiten der Natur. Die Hohlwege sind eines der besten Beispiele, wie der Mensch und die Natur, trotz aller Konflikte, die sie austragen, sich ergänzen und sich wieder versöhnen. Hier können wir stehen und über vergangene Zeiten nachdenken. Hier bekommen wir ein Gefühl vom Lauf der Zeiten.

TRACES PROFONDES
EMPREINTES DU PASSE
Les chemins creux à Bickensohl et dans le Kaiserstuhl

Nous laissons nos traces un peu partout. Dans le Kaiserstuhl tout particulièrement, la main de l'homme a laissé son empreinte dans les paysages. Et grâce à cela, parfois d'étranges formations voient le jour, curiosités de la nature offrant un espace de vie à de nombreuses espèces.
Les chemins creux sont un exemple parfait de la complémentarité de l'homme et de la nature finissant par se réconcilier malgré les conflits d'intérêts qui les séparent souvent.
En ces lieux nous ressentons intensément le cours du temps et nous nous souvenons d'époques révolues.

Hohlgassen sind das spezielle Markenzeichen des Kaiserstuhls. Aufgrund des weichen Lößuntergundes extrem ausgebildet und so eine ganz besondere Einzigartigkeit unserer Region. Für die Tierwelt ist es ein ganz spezieller Lebensraum geworden. Viele seltene Vogelarten finden hier einen idealen Lebensraum, den wir alle gemeinsam schützen sollten. Entdecken Sie auch hier eine einmalige, faszinierende Landschaft.

Hohlgassen in Bickensohl, Bahlingen, Endingen, Ihringen und Riegel.

Les chemins creux sont une singularité réputée du Kaiserstuhl. Leur formation au cours des siècles a été favorisée par la présence d'un limon tendre et fertile nommé loess qui constitue les sols de la région. Ces chemins creux offrent à la faune locale un habitat de premier choix. De nombreuses espèces d'oiseaux rares trouvent ici des conditions de vie favorables et protégées qu'il nous incombe de sauvegarder.
Découvrez ici aussi des paysages uniques et fascinants !

DER BUCHENWALD GANZ OBEN AUF DEM KAISERSTUHL

MÄRCHENWALD

Der Buchenwald setzt dem Kaiserstuhl seine Krone auf. Überall, wo der Mensch und die Natur es zulassen, wächst auf dem Kaiserstuhl der Buchenwald. Und der hat im Laufe der Jahreszeiten eine ganz besondere Qualität und bietet dem Wanderer eine überraschende Abwechslung.

LA FORET ENCHANTEE
Forêts de hêtres au sommet du Kaiserstuhl

Le Kaiserstuhl est une région couronnée de forêts de hêtres qui se répandent là où l'homme et le terrain le permettent. Changeantes et variées selon les saisons, ces forêts offrent au promeneur un décor inattendu et plein de surprises.

Par endroit les vignes aménagées en terrasse, semblent s'enfoncer dans les bois drus et obscurs. Sur les sentiers ombragés et dans les clairières humides de cette forêt majestueuse, nous ressemblons à ce minuscules personnages de contes de fées, réduits à leur taille par quelques maléfices.

Teilweise ist der Übergang von den bewirtschafteten Rebterrassen in den dunklen, dichten und mächtigen Buchenwald nahtlos. Er bietet tiefschattige, Feuchtigkeit speichernde Wege und Plätze. Seine Mächtigkeit läßt uns wie geschrumpfte Märchengestalten erscheinen.

*J*mmer den richtigen Weg zu finden, ist oft nicht so einfach – ob im richtigen Leben oder auf einer Wanderung am Kaiserstuhl. Doch wenn die Wege so schön sind, gehen wir sie gerne, ob durch den Wald oder über die weichen Hügelketten. Finden auch Sie Ihren eigenen Weg.

SORTIE KAISERSTUHL
Il y a toujours une issue

Trouver le bon chemin n'est pas toujours très simple, que ce soit dans la vie ou lors d'une randonnée dans le Kaiserstuhl. Mais lorsqu'ils sont si beaux et si engageants, il devient aisé de suivre le droit chemin à travers forêts et collines. Vous aussi trouvez votre propre voie !

LETZTE AUSFAHRT KAISERSTUHL

ES GIBT IMMER EINEN WEG

KAISERSCHNITT

DIE BESONDERE WIESENKULTUR

Heuwiese am Haselschacher Buck

Pflege ist das große Thema unserer Zeit. Doch wer denkt schon, dass auch die Landschaft Pflege braucht, besonders auch das Naturschutzgebiet am Kaiserstuhl. Selbst wenn die Helfer mit ihren Sensen unterwegs sind oder die Bauern ausrücken zum Heu machen, diese Aktion verwandelt sich am Kaiserstuhl zu einem Kunstwerk. Mensch und Natur bilden hier eine vorbildliche Einheit.

MOISSONS
La culture des champs

Soins et entretien sont des thèmes essentiels de notre société.
Et cependant, qui songe à l'entretien nécessaire à la préservation des sites et paysages tels que les réserves naturelles du Kaiserstuhl. Et lorsque dans les champs les ouvriers s'affairent avec leur faux et que les paysans se mettent à l'ouvrage pour la fenaison, le Kaiserstuhl se transforme en un véritable chef-d'oeuvre.
L'homme et la nature s'unissent alors en une parfaite symbiose.

Trocken oder halbtrocken ist oft ein Kriterium, wie wir unseren Kaiserstühler Wein aussuchen. Auf den Wiesen am Badberg gibt es den Halbtrockenrasen und den Trockenrasen, und im Spätsommer zeigen sich im eigentlichen Trockengebiet des Kaiserstuhls die schönsten filigranen Kunstwerke. Blumen, die uns gerade noch mit den schönsten Farben beeindruckt haben, zeigen sich jetzt in einem ganz neuen Bild, dessen Faszination in der Form liegt. Im letzten Gegenlicht des Abends offenbaren sie uns nochmal ihre ganze Schönheit.

DEMI-SEC
Une sélection raffinée de plantes sèches

Sec ou demi-sec sont des critères selon lesquels nous choisissons nos vins dans le Kaiserstuhl. Sur les pentes des coteaux du Badberg poussent les prairies sèches ou semi-sèches qui en fin d'été dévoilent leur beauté ciselée en un chef-d'oeuvre naturel. Ces fleurs, qui à l'instant encore nous émerveillaient de leur parure aux couleurs flamboyantes se présentent maintenant sous une forme toute nouvelle, délicate et fascinante. Et dans les dernières lueurs du crépuscule, elles nous révèlent une dernière fois toute leur beauté.

HALBTROCKEN
EINE EDLE AUSLESE TROCKENER PFLANZEN

Tauben-Skabiose
Scabiosa columbaria

UNE ANNEE S'ACHEVE
Vieilles amours durent toujours

Lorsque nous nous éprenons d'un paysage, celui-ci nous rappelle sans cesse en ses lieux. Certaines impressions sont si fascinantes qu'elles nous tiennent sous leur charme. En ces endroits privilégiés, l'alternance des saisons nous touche et nous émeut, nous enrichissant d'un regard curieux sur les transformations extrêmes de la nature au cours de l'année.
Restons attentifs à ces changements, ils nous émerveilleront.

UND WIEDER GEHT EIN JAHR

ALTE LIEBE ROSTET NICHT

Wenn wir die Begeisterung für eine Landschaft entdeckt haben, kommen wir immer wieder an dieselben Orte zurück. Manche Eindrücke faszinieren uns und ziehen uns in ihren Bann. Jetzt können wir ein Gespür für den Wechsel der Jahreszeiten entwickeln. Wenn wir die extremen Veränderungen im Lauf des Jahres so richtig wahr nehmen, haben wir etwas ganz Wertvolles gewonnen. Die Veränderung wird uns verzaubern.

LA FACE OBSCURE DU KAISERSTUHL
Magie noire

Chaque être porte en lui une part d'obscurité. Et dans le Kaiserstuhl celle-ci se révèle d'une beauté fascinante. C'est tantôt l'obscurité d'une forêt de hêtres à la tombée de la nuit lorsque nous rentrons tardivement d'une randonnée, tantôt le souvenir de nos aventures nocturnes en pleine nature. Ou encore lorsque venant de l'ouest, un rideau sombre obscurcit le sommet de la montagne, nous laissant déambuler dans l'inconnu. Ce sont là des moments uniques, remplis de magie dont nous nous souviendrons encore longtemps.

Wie jeder Mensch, so hat der Kaiserstuhl auch seine weniger lichten Seiten, die durchaus schön und faszinierend sind. Wir erleben die Dunkelheit des Buchenwaldes, wenn wir nach einer Wanderung schon ein bisschen in die Dämmerung kommen oder gar das Schwarz der freien Wiesen des Kaiserstuhls bei Nacht. Wenn von Westen so eine richtig dunkle Wolkenwand die Spitzen der Berge verhüllt, wandern wir wie in einem großen Nichts. Das sind Erfahrungen, die wir hier machen können und deren magische Eindrücke wir niemals vergessen.

DIE DUNKLE SEITE DES KAISERSTUHLS

ALLES ANDERE ALS SCHWARZE MAGIE

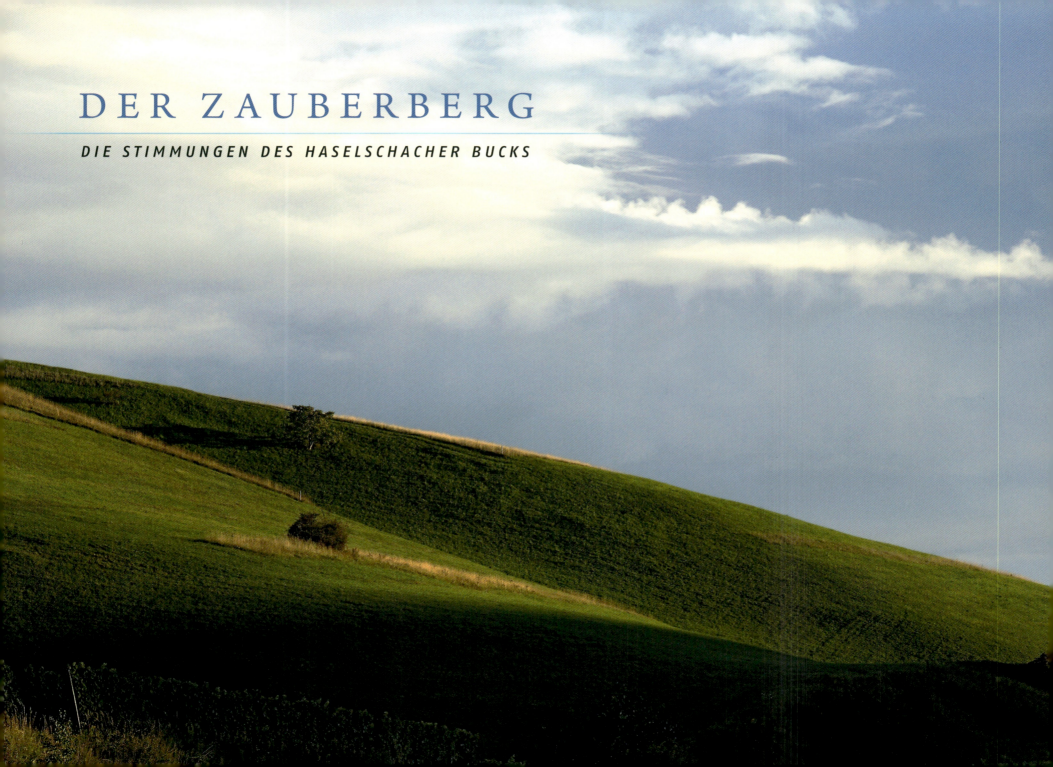

DER ZAUBERBERG

DIE STIMMUNGEN DES HASELSCHACHER BUCKS

Ob der Name von einem „Buckel" oder von einem „Schiffsbug" kommt wissen wir nicht genau, beides wäre eigentlich gut möglich. Aber dass er von einer unglaublichen, markanten Klarheit und Schönheit geprägt ist, das können wir sehen.
Dass der Haselschacher Buck etwas ganz Besonderes ist, können wir spüren mit unserem Herzen, während der Berg mit seiner launischen Stimmung spielt.

LA MONTAGNE MAGIQUE
Impressions sur le Haselschacher Buck

On ne connaît pas exactement l'origine du mot Buck en allemand. Peut-être bosse, saillie ou alors proue d'un navire. Quoi qu'il en soit cette montagne est d'une beauté saisissante qui touche notre coeur et le séduit par ses facettes changeantes et capricieuses.

Bild links:
Baßgeige
Oberbergen

Bild oben:
Mondhalde
Oberrotweil,
im Hintergrund
Colmar und das
Munstertal

WIR SIND DANN MAL OBEN

REBGARTEN KAISERSTUHL

VOUS ME TROUVEREZ LÀ-HAUT · Vignobles du Kaiserstuhl

98/99

*A*rbeiter siehst du, aber keine Künstler – so beschrieb Friedrich Hölderlin einst die Deutschen. Doch ganz im Süden von Deutschland, da ist wieder mal alles anders. Hier sind die Winzer, die Arbeiter im Rebgarten die wahrsten Künstler und jeder einzelne Rebstock ein Kunstwerk. Das Licht des Südens sorgt dann für die Vollendung.

L'ART DE LA VIGNE
Des goûts et des couleurs

Tu verras des artisans, mais point d'artistes ! Telles furent les paroles de Friedrich Hölderlin au sujet du peuple allemand. Cependant en Allemagne du sud, tout est différent. Ici, vignerons et vendangeurs à l'oeuvre dans les vignes sont de véritables artistes, chaque cep de vigne un objet d'art unique. La luminosité exceptionnelle de la région donne au tout son éclat final.

Am Kreuzenbuck bei Ihringen

DIE HIMMELSLEITER
KIRSCHENZEIT

Kirschen sind neben den Trauben das bedeutendste Produkt am Kaiserstuhl. Das Schönste und Romantischste ist es allemal. Angefangen mit der frühen Blüte lockt es nicht nur die Bienen und Insekten an, sondern auch uns als Wanderer und Naturliebhaber. Ungeduldig warten wir darauf, dass die Obstbauern auf ihren Leitern fast in den Himmel hinaufsteigen und überall an den Straßen die bunten Verkaufsstände aufbauen. Doch ganz ehrlich, jetzt wollten wir auch nochmal Kind sein, auf einen Baum hinaufklettern und erleben, wie wir unsere Kirschen selber ernten.

LE TEMPS DES CERISES
L'échelle de Jacob

La cerise est avec le raisin un des produits les plus importants du Kaiserstuhl. Lors de la floraison précoce des cerisiers, des abeilles et insectes de toutes sortes sont attirés dans les vergers. Il en va de même pour nous promeneurs amoureux de la nature. Avec impatience nous attendons de voir les cueilleurs grimper sur leur échelle, jusqu'au ciel nous semble-t-il. Sur le bord des routes de petits stands aux couleurs vives, vendent ces délicieux fruits rouges. Mais avouons-le, nous brûlons du désir de redevenir enfant pour grimper sur ces arbres et y goûter les fruits défendus !

Kirschverkaufsstand in Vogtsburg-Bickensohl

POESIE PUR IM HERBST AM KAISERSTUHL

UNTER EINEM KIRSCHBAUM

Der Herbst ist eingezogen in die Kirschbaumalleen. Und was der Impressionist „Herbst" hier schafft, ist fast das Schönste, das die Natur auf die Leinwand bringt. Und wir haben das einzigartige Glück und können dieses Kunstwerk betreten, können in das Bild hineinsteigen und ein Gefühl erleben, das unsere Sinne begeistert. Allein unter einer Kirschbaumallee zu sitzen und zu träumen, ist das, was wir unter Glück verstehen. Wie können wir so ein Gefühl festhalten – vielleicht auf einer Leinwand. Doch da kommt er schon – der erste Frost und der Wind von Westen.

SOUS UN CERISIER
Poésie d'automne dans le Kaiserstuhl

L'automne a fait son entrée dans les ceriseraies et tel un peintre impressioniste il nous offre les tableaux les plus spectaculaires. Nous avons l'incomparable bonheur d'être part entière de cette oeuvre, d'y pénétrer, d'en goûter les plaisirs enivrants. Rêver, assis au pied d'un cerisier, voilà le plus grand bonheur! Mais comment retenir cet instant fragile. Le vent de l'ouest souffle déjà amenant les premières gelées matinales.

Ein blühendes Land, in dem alles wächst und gedeiht. So stellen wir uns den Garten Eden vor. Doch erst das Geschick und die Erfahrung der Winzer, Obst- und Gemüsebauern verwandelt diese Landschaft in das, was uns als Betrachter so fasziniert.

BLÜHENDER GARTEN KAISERSTUHL

DER GARTEN EDEN

Wildes Stockrosenfeld zwischen Jechtingen und Leiselheim

LE JARDIN D'EDEN
Le Kaiserstuhl, un jardin florissant

Une contrée florissante où la terre fertile et généreuse donne du fruit à profusion. C'est bien ainsi que nous imaginons le jardin d'Eden. Pourtant ne l'oublions pas, il aura fallu beaucoup d'habileté et de savoir-faire pour transformer cette région en un pays d'abondance.

Der Apfel ist ein bedeutsames Produkt unserer Kulturgeschichte. Von Eva über Wilhelm Tell bis zum Big Apple geht die Geschichte. Hier am Kaiserstuhl gehört der Apfel immerhin zu den „Big Five". Für die einzigartige Natur sind die letzten Streuobstwiesen, die uns hier geblieben sind, eine Bereicherung. So findet z.B. der Steinkauz in den Obstplantagen und den angrenzenden freien Wiesen einen idealen Lebensraum. Und eines lehrt uns der Apfel allemal – die Vergänglichkeit. Und das ist gut so.

A CROQUER
La pomme symbole de temporalité

La pomme tient dans notre culture un rôle prépondérant et en relation avec Eve ou Guillaume Tell, elle habite notre imaginaire collectif. On parle aussi du Big Apple pour désigner New York, La Grande Pomme. Ici dans le Kaiserstuhl, elle est avec le raisin et la cerise un produit important de l'agriculture locale. Les derniers vergers traditionnels qui subsistent dans la région, sont un enrichissement pour l'environnement et offrent un habitat idéal à des espèces menacées comme la chouette chevêche. La pomme nous rend en tout cas sensible à la fragilité du temps qui passe. Et cet enseignement est bon à retenir.

Obstbaumblüte bei Vogtsburg-Niederrotweil

AUFGEBLÜHT
DER APFEL – ZEICHEN DER VERGÄNGLICHKEIT

KIRCHEN, KAPELLEN UND MÜNSTER AM KAISERSTUHL UND TUNIBERG

EINE GESEGNETE LANDSCHAFT

UNE CONTREE BENIE

Eglises, cathédrale et chapelles dans le Kaiserstuhl et le Tuniberg

Obere Reihe:
Bötzingen, Riegel, Munzingen, Breisach, Jechtingen, Niederrotweil, Jechtingen, Königschaffhausen, Oberbergen, Schelingen

2. Reihe:
Wasenweiler, Leiselheim, Bötzingen, Achkarren, Niederrotweil, Breisach, Wasenweiler, Merdingen, Bickensohl, Ihringen,

3. Reihe:
Riegel, Vogtsburg, Sasbach, Endingen, Amoltern

Untere Reihe:
Oberrotweil, Endingen, Oberrotweil und Bickensohl, Kiechlinsbergen

Großes Bild: Vogtsburg-Burkheim

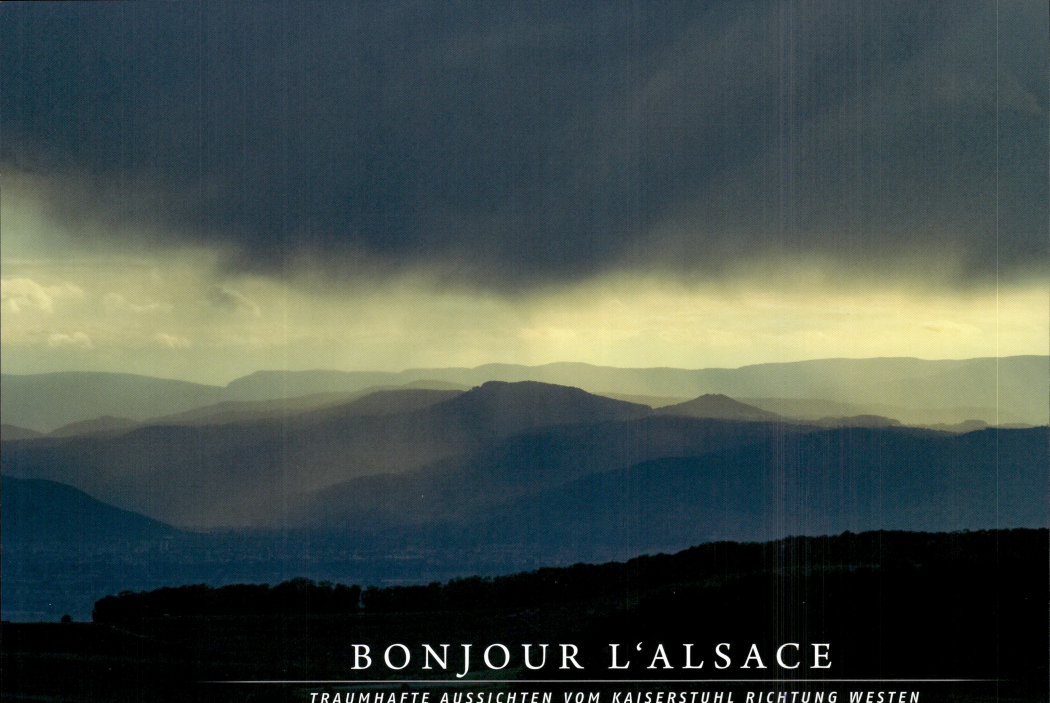

Verlockend ist der Ausblick schon über die Rheinebene, Colmar und das Munstertal. Petit und Grand Ballon d'Alsace stehen mächtig und bilden die blaue Mauer. Wie der Blick auf eine Landkarte, liegt alles ausgebreitet und läßt unser Auge phantasieren. Jetzt geht die Sonne unter, für uns das Zeichen, die Berge zu verlassen, wieder hinunter ins Tal zu wandern und den Tieren das Land und den Wald zu überlassen.

VUE SUR LES VOSGES
Panorama splendide à l'ouest du Kaiserstuhl

Par delà la plaine du Rhin, Colmar et la Vallée de Munster, la vue se perd à l'horizon. Le Petit et le Grand Ballon d'Alsace se dressent imposants en une muraille bleue sombre. Grandiose et sereine la nature s'abandonne à notre regard rêveur et vagabond.
Le soleil se couche, il est temps de quitter à présent les montagnes et rejoindre la vallée. Cédons la place aux animaux de la forêt !

AUF DER SONNENSEITE DES KAISERSTUHLS

DAS GANZE JAHR IN DEN REBEN

SUR LE VERSANT ENSOLEILLÉ DU KAISERSTUHL
Toute l'année dans les vignes

Le Schlossberg à Achkarren est le meilleur endroit pour observer le déroulement d'une année dans le vignoble car il s'ouvre totalement au regard. Sa situation extrêmement verticale permet à l'observateur de suivre toute une année dans les vignes.

Nigendwo ist der Lauf des Jahres im Weinberg besser zu beobachten als am Schlossberg in Achkarren. Die extremen Steillagen erlauben dem Betrachter das ganze Jahr über einen Einblick in den Weinberg.

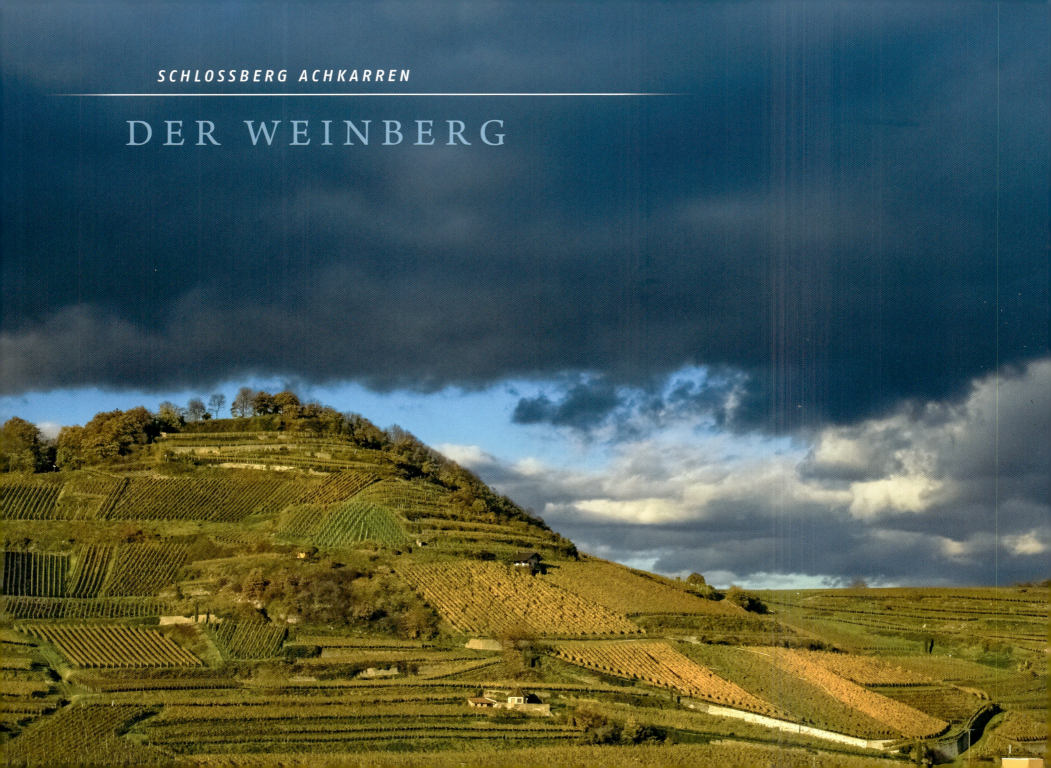

SCHLOSSBERG ACHKARREN

DER WEINBERG

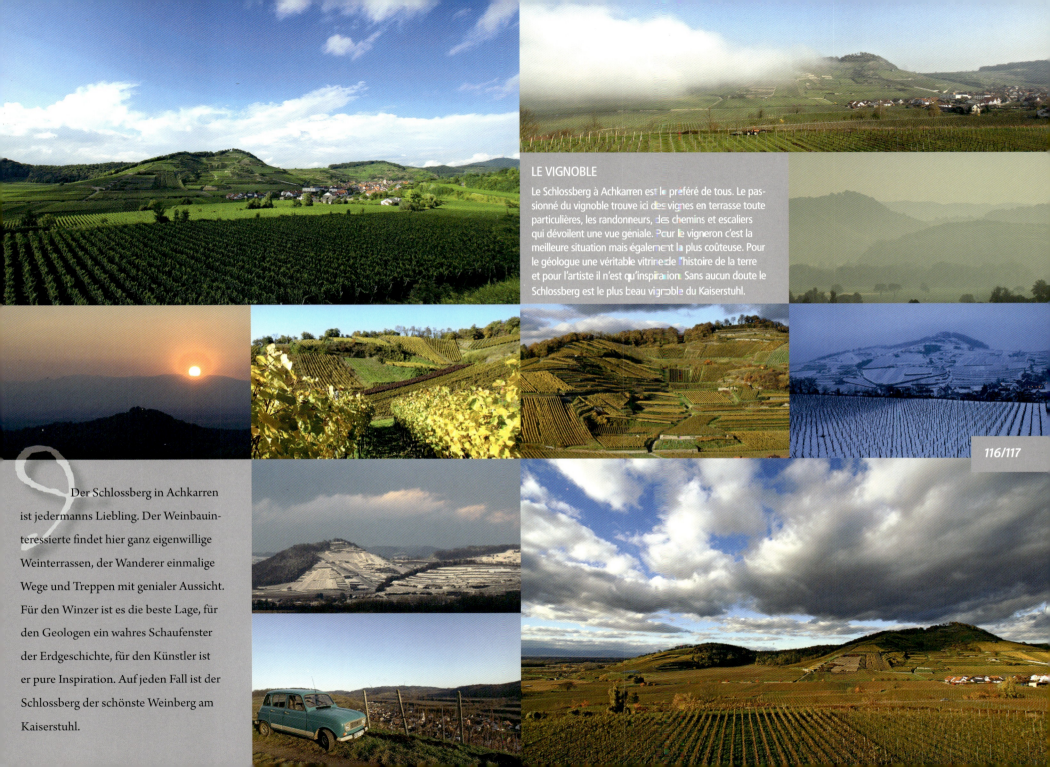

LE VIGNOBLE

Le Schlossberg à Achkarren est le préféré de tous. Le passionné du vignoble trouve ici des vignes en terrasse toute particulières, les randonneurs, des chemins et escaliers qui dévoilent une vue géniale. Pour le vigneron c'est la meilleure situation mais également la plus coûteuse. Pour le géologue une véritable vitrine de l'histoire de la terre et pour l'artiste il n'est qu'inspiration. Sans aucun doute le Schlossberg est le plus beau vignoble du Kaiserstuhl.

Der Schlossberg in Achkarren ist jedermanns Liebling. Der Weinbauinteressierte findet hier ganz eigenwillige Weinterrassen, der Wanderer einmalige Wege und Treppen mit genialer Aussicht. Für den Winzer ist es die beste Lage, für den Geologen ein wahres Schaufenster der Erdgeschichte, für den Künstler ist er pure Inspiration. Auf jeden Fall ist der Schlossberg der schönste Weinberg am Kaiserstuhl.

SCHLOSSBERG ACHKARREN

DER MAUERFALL

Trockenmauern werden instandgesetzt und Natursteine in traditioneller Technik aufeinander gelegt. Namhafte Weingüter aus der ganzen Region bemühen sich um den schönsten Weinberg im Kaiserstuhl, um die vielleicht beste Lage. Der Schlossberg in Achkarren lebt mehr denn je, hat seinen ganz speziellen Charakter bewahrt und ist einer der interessantesten Weinberge in Südbaden. Einzigartige Treppen führen hinauf zur geschichtsträchtigen Spitze des Berges. Selbst Grabsteine verweisen auf eine ganz besondere Eigenwilligkeit, aber auch zu einer ganz besonderen Verbundenheit zu den Winzern und den Menschen in dieser Region.

LA CHUTE DU MUR
Le Schlossberg à Achkarren

Dans les vignobles, les murets de pierres naturelles empilées selon une tradition ancienne sont soigneusement entretenus.
Et dans toute la région les domaines viticoles de grand renom se disputent la plus belle vigne, le plus bel emplacement. Le Schlossberg à Achkarren est plus que jamais vivant. Il a su garder son caractère très particulier et c'est un des vignobles les plus intéressants au sud du pays de Bade.
D'étroites marches au charme d'antan vous mènent au sommet de la colline. Parfois, inattendue au détour d'une vigne, une pierre tombale rappelle le souvenir des vignerons et hommes de cette région obstinément attachés à leur terre.

Es kann manchmal etwas länger dauern, bis man den unscheinbaren Büchsenberg bei Achkarren entdeckt oder erwandert hat. Dabei bietet er uns die tollsten Überraschungen und Einblicke. Unter den drei markanten Bergen des Achkarrerner Tales ist er neben dem Schneckenberg und dem Schlossberg zunächst der Unscheinbarste. Doch er bietet uns Einblicke in die einzigartige Vulkangeologie des Kaiserstuhls. Hier im versteckten Steinbruch liegen die Lavaströme offen. Oder die einzigartigen Flaumeichenwälder am Westhang des Berges mit üppiger Vegetation. Das Tiere wie der seltene Hirschkäfer oder auch der Wiedehopf sich hier so richtig wohl fühlen, ist eigentlich kein Wunder.

Diptam
Dictamnus albus

DER GEHEIMFAVORIT

DER BÜCHSENBERG IN VOGTSBURG-ACHKARREN ZWISCHEN URWALD UND EINZIGARTIGKEIT

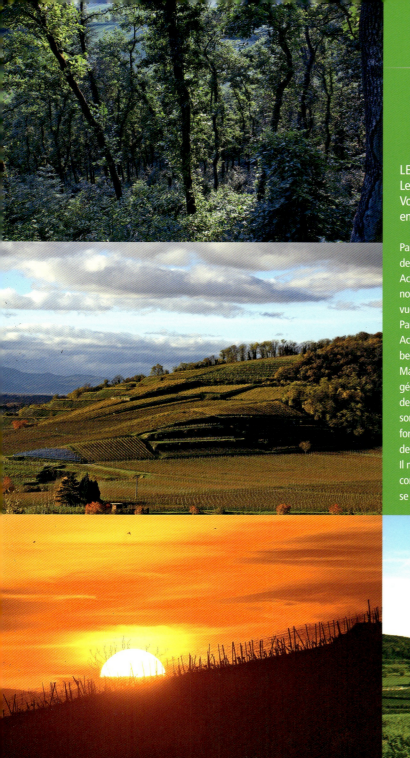

LE FAVORI CACHÉ
Le Büchsenberg à
Vogtsburg - Achkarren
entre forêt-vierge et curiosité

Parfois cela met un peu de temps avant de découvrir le Büchsenberg près de Achkarren ou de s'y promener. Si un jour nous le faisons il nous séduit par de belles vues et nous réserve bien des surprises. Parmi les 3 montagnes de la vallée de Achkarren il semble à côté du Schneckenberg et du Schlossberg bien insignifiant. Mais il nous donne un aperçu de la géologie particulière des volcans. Ici près de la carrière cachée les coulées de lave sont ouvertes et il nous fascine avec les forêts de chênes duveteux à la végétation dense du versant est.
Il n'est pas étonnant que des animaux comme le Colèoptére ou la huppe fasciée se sentent très à l'aise ici.

Flaumeiche · Quercus pubescens

AMOLTERER HEIDE

DAS ÄLTESTE NATURSCHUTZGEBIET IM KAISERSTUHL

Amoltern – einer der geheimnisvollsten Orte im Kaiserstuhl. Hier wird der Namen Kaiserstuhl seinem Anspruch gerecht, eine wahrlich kaiserliche Premiumlage mit weitem Blick über die Ebene hinüber zu den Vogesen. Im Hintergrund liegen die Amolterer Heide und der Kräuterpfad. Wer die Sonne sucht, der wird hier fündig, in einem der schönsten Seitentäler des Kaiserstuhls überhaupt.

LE PLUS ANCIEN PARC NATUREL DU KAISERSTUHL

Amoltern - un des endroits les plus mysterieux du Kaiserstuhl; Ici le nom de Kaiserstuhl prend toute son expression, une situation vraiment digne d'un empire qui dégage un large panorama vers la plaine jusqu'aux Vosges. A l'arrière plan se trouve la Amolterer Heide (Lande) et le sentier des herbes. Qui cherche le soleil, le trouve ici;
Dans une des plus belles vallées du Kaiserstuhl.

KAISERSTUHL · TUNIBERG

DAS GESETZ DER SCHERE

LA LOI DES SECATEURS
Kaiserstuhl-Tuniberg

C'est une mélodie très particulière que l'on entend dans le Kaiserstuhl et le Tuniberg lorsque les sécateurs sont à l'oeuvre dans les vignes. Une fois les vendanges terminées, il faut tailler la vigne et un son monotone résonne dans la région: "le rap du Kaiserstuhl".
Une musique émouvante dont l'harmonie finale retentit lorsque sont débouchées les bouteilles ! Que celui qui n'apprécie pas cette musique se retire tout simplement à la cave !

Es liegt eine eigenwillige Musik in der Luft, wenn am Kaiserstuhl und am Tuniberg die Scheren zu hören sind und das Zirpen des Drahtes, wenn die Zweige aus den Verankerungen gezogen werden. Nach der Ernte werden die Reben geschnitten. Monotonie legt sich über diese Gegend und doch ist es der Sound des Tunibergs, der „Rap" des Kaiserstuhls. Eine Musik, die jeden berührt und deren Schlußakkord aus dem Entkorken einer Flasche besteht. Derjenige, der diese Musik nicht mag, zieht sich jetzt ganz einfach in den Keller zurück.

Ihringen – Winklerberg. Leichter Schneefall, Temperaturen um den Gefrierpunkt, extreme Steillage. Die Arbeiter im Weinberg sind unterwegs. Bilder, die keine Erklärung brauchen.

Ihringen-Winklerberg.
Légère chute de neige, température avoisinant zéro degré, terrain en pente, vendangeurs au travail. Pas d'explication supplémentaire nécessaire ici. Ces Images se suffisent à elles-mêmes.

FAMILIENAUFSTELLUNG AM KAISERSTUHL
HIER HÄLT ZUSAMMEN, WAS ZUSAMMEN GEHÖRT

Das Signal für die Weinernte ist jetzt da. Leben erfüllt die Weinberge. Ganze Familien, alle Generationen sind jetzt draußen in den Reihen und bringen die Ernte ein, für die alle das ganze Jahr über gearbeitet haben. Selbst die kleinsten Kinder haben ihre Aufgabe und lassen sich von der erfahrensten Generation anleiten. Jung und Alt gehen hier Hand in Hand. Die Zusammenarbeit im Weinberg ist ein Vorbild für unsere Gesellschaft.

PORTRAIT DE FAMILLE AU KAISERSTUHL
Ici est uni ce qui doit être uni

Le signal pour les vendanges est là. Le vignoble prend vie. Des familles entières toutes générations confondues se retrouvent à l'extérieur dans les vignes pour rentrer la récolte qui est le fruit du travail de tous pendant une année. Même les plus jeunes ont leur responsabilité et se laissent guider par les aînés. Jeunes et vieux vont ici main dans la main. Le vignoble, quel exemple pour notre société.

Indianer, Rauchzeichen – hier am Kaiserstuhl eigentlich nicht ganz realistisch. Weinbrand – sieht auch anders aus. Brandrodung heißt das Lösungs- und auch Streitwort. Es gibt viele Diskussionen und noch mehr Theorien über dieses Reizthema – überlassen wir es einfach denen, die sich damit auskennen. Die Natur zieht sich so oder so ihre Vorteile daraus. Eines dürfen wir nicht vergessen, das heutige Aussehen und auch die reichaltige Pflanzen- und Tierwelt am Kaiserstuhl wurde durch Menschenhand positiv beeinflusst und der Kaiserstuhl ist weiterhin einer großen Veränderung unterworfen.

L'EAU DE FEU
dans chaque vigneron il y a l'âme d'un Indien

Des signaux de feu - pas très réaliste ici au Kaiserstuhl - la vigne en feu - ressemble à autre chose „Le nettoyage par le feu" est le nom de la solution ou de la discorde.
Il y a eu énormément de discussions et encore plus de théories sur ce sujet épineux, nous allons simplement le laisser aux connaisseurs. La nature y trouve ses avantages de toute manière. Il ne faut pas oublier que la faune et la flore du Kaiserstuhl ont été influencées positivement par l'homme et que le Kaiserstuhl continuera à se soumettre à un grand changement.

Es gibt viele Symbole für die Wiederkehr des Lebens, das scheinbar für immer erloschen war. Zu den eindringlichsten Symbolen gehört der Weinstock, wenn im Frühjahr das Lebenswasser im Holz hochsteigt, aus allen Öffnungen tropft und die ganz frischen grünen Blätter mit den Blütenansätzen austreiben. Eine geheimnissvolle Kraft, die uns alle am Leben hält.

La vie reprend ses droits

Il existe plusieurs symboles pour le retour de la vie qui semblait éteinte à jamais. Le symbole le plus impressionnant est le cep de vigne, lorsque, au printemps l'eau vive monte dans le bois, goutte de toutes les ouvertures et que les feuilles vertes toute fraîches éclosent avec les bourgeons. Une force secrète qui nous maintient tous en vie.

EAU DE VIE
DAS LEBEN KEHRT ZURÜCK

LES CENT JOURS D'UNE GRAPPE DE RAISIN
Le cycle de la nature

Les premiers cent jours d'un président en fonction sont toujours observés de manière très critique. Pour le raisin au contraire, cent jours après la floraison la nature a déjà agit en profondeur. Les grappes sont mûres prêtes à être récoltées. Leur chatoiement doré ou d'un bleu profond colore les vignobles de reflets changeants. Le millésime s'annonce excellent. Les différents degrés de maturation du grain font surgir les formes les plus étranges. Et ces grappes que l'on réserve pour une sélection spéciale et qui ne seront pas cueillies avant l'hiver ont elles aussi une apparence étrange bravant le froid.
Ainsi s'achève le cycle naturel.

Die ersten 100 Tage eines Präsidenten im Amt werden immer genau beobachtet. Bei der Rebe ist das ganz anders, 100 Tage nach der Blüte hat die Natur schon ganze Arbeit geleistet. Die Trauben sind reif zur Ernte. Goldgelb oder leuchtend blau schillern die Weinberge. Jetzt zeigt sich der Jahrgang in seiner ganzen Schönheit. Die verschiedensten Reifegrade bringen jetzt die eigenwilligsten Formen und Eindrücke zustande. Und selbst die Trauben, die noch bis in den Winter für eine ganz besondere Auslese hängen bleiben, haben einen ganz eigenwilligen, starken Charakter. Der Kreislauf schließt sich.

DIE 100 TAGE
IM LEBEN EINER TRAUBE

DER KREISLAUF DER NATUR

NATURE MORTE
Objets d'art abandonnés

Des silouhettes qui semblent avoir été façonnées de mains d'artiste se détachent au sommet de l'arête montagneuse et plongent leur regard dans la vallée, semblables à de silencieux témoins du passé. Elles gardent secrète leur histoire. Et pourtant, si nous leur prêtons attention et les écoutons, elles nous livrent des légendes que nous comprenons.

Figuren wie von Künstlerhand geschaffen stehen ganz oben an der Bergkante und schauen hinab ins Tal als stumme Zeugen der Vergangenheit. Doch ihre Geschichten behalten sie verschlossen für sich. Wenn wir sie genau anschauen, und ihnen zuhören, können wir diese Märchen verstehen.

STILL UND STUMM STEHEN VERLASSEN

VERGESSENE KUNSTOBJEKTE

DIE HERREN VOM SCHLOSSBERG

NACHTS ERWACHEN DUNKLE GESTALTEN

Das letzte Licht verschwindet hinter dem Schlossberg in der Ebene. Fast wie in einem Horrorfilm erwachen jetzt dunkle Gestalten, die wie eine knorrige Armee zu einem seltsamen Tanz Aufstellung nehmen. Doch gefangen in den Drähten der Winzer, scheinen sie zu verharren und schreien ihre unüberhörbare Sehnsucht nach Freiheit hinaus.

LES MAÎTRES DU SCHLOSSBERG
La nuit les ombres sombres se réveillent

La dernière lueur disparaît dans la plaine derrière le Schlossberg. C'est maintenant que des ombres sombres se réveillent presque comme dans un film fantastique. Telle une armée osseuse elles se préparent pour une curieuse danse. Mais prisonnières dans les fils tendus par les vignerons elles semblent figées et hurlent à qui veut l'entendre leur soif de liberté.

Im Winter ist der Weinberg am interessantesten. Jetzt ist alles sichtbar. Die Herbstfarben, der Schnee und das Eis betonen die Strukturen in den Reben. Die kleinen Ärmchen, die während des Wachstums dem Weinstock seinen Halt gegeben haben, hängen jetzt untätig in der Luft. Wie kleine Kunstwerke stehen sie jetzt in der kalten Luft und verzaubern uns und den Weinberg.

UN AUTRE „ART"
Les créations de la nature

C'est en hiver que le vignoble est le plus intéressant. Maintenant tout est à nu. Les coloris de l'automne, la neige et la glace soulignent les structures dans les vignes. Les petites vrilles qui ont soutenu la vigne pendant la croissance sont suspendues telles de petites oeuvres d'art et se dressent dans l'air pour nous séduire et ensorceler le vignoble.

DIE ANDERE „ART"

DAS STRICKMUSTER DER NATUR

DIE REIFEPRÜFUNG

IM WEINBERG GIBT ES EINFACH DIE BESTEN JAHRGÄNGE

MATURITE
Les anciens dans les vignes

C'est à l'apparence du raisin que l'on reconnaît déjà la qualité du futur vin. La maturité donne au grain sa forme particulière. Et lorsque dans les vignobles s'affairent les générations anciennes, la synthèse est alors parfaite. Il est beau de voir ces générations des années 1922 faire encore les vendanges, témoignage de leur profond attachement à la vigne.

Il faudra au cep 30 ou 40 ans pour développer son caractère et sa personnalité typiques. C'est avec le temps que se révèle la véritable beauté.

Ob es einen guten Wein gibt, erkennen wir schon am Aussehen der Trauben. Die Reife ist den Trauben förmlich anzusehen. Und wenn dann auch noch die richtig guten Jahrgänge der Winzer im Weinberg arbeiten, dann ist die Synthese perfekt. Es ist schön zu sehen, wie die Jahrgänge um 1922 die diesjährige Ernte einbringen und noch in die Arbeit im Weinberg eingebunden sind. Hier hat unsere Gesellschaft eine echte Reifeprüfung bestanden. Ein gutes Beispiel, dass die wahre Schönheit im Alter liegt, zeigt uns der Weinstock, der erst mit 30 oder 40 Jahren seinen ganzen Charakter und seine eigenwillige Schönheit entwickelt hat.

DER KELLER IN ROTHWYHL

VOM BENEDIKTINERKLOSTER ST. BLASIEN ZUM WEINGUT FREIHERR VON GLEICHENSTEIN

Es gibt viele geheimnisvolle, mythische Orte am Kaiserstuhl. Einer von ihnen liegt unter der Erde. Es ist der fast 500 Jahre alte Keller des Weinguts Freiherr von Gleichenstein in Vogtsburg-Oberrotweil. Hier tauchen wir in eine andere Zeit ein, die uns in ihren Bann zieht. Der Geist der Benediktinermönche aus St. Blasien, die diesen Keller als Zehntscheuer gründeten, scheint noch durch den Keller zu schweben. Der Kellermeister weiß hier sicher, die eine oder andere Geschichte zu erzählen.

LA CAVE À ROTHWYHL
du couvent des Bénédictins
St. Blasien au vignoble
Freiherr von Gleichenstein

Il existe beaucoup de lieux mystérieux et mythiques au Kaiserstuhl. L'un d'entre eux se trouve sous terre depuis presque 500 ans. C'est la cave du Domaine viticole Freiherr von Gleichenstein à Vogtsburg-Oberrotweil. Ici nous nous retrouvons dans une autre ère qui nous ensorcèle. L'esprit des moines bénédictins de St. Blasien qui ont créé cette cave semble encore y souffler. Le maître de chais peut vous raconter à coup sûr l'une ou l'autre anecdote.

Er gilt als der wärmste Ort Deutschlands – auch wenn hier gerade Schnee liegt– der Ihringer Winklerberg. Auf jeden Fall ist er einer der besten Weinlagen am Kaiserstuhl und der Grund für so manchen guten Wein aus Ihringens Keller. Freunde der Geologie starten hier zu einem einzigartigen Rundgang durchs Vulkangestein. Die Treppen im Weinberg sind hier so steil, dass man sich wundert, wie die Winzer ihre Reben bearbeiten. Doch der Lohn kann sich sehen lassen.

LA MEILLEURE PENTE ABRUPTE AU VERSANT SUD-OUEST DU KAISERSTUHL

Il est réputé être l'endroit le plus chaud d'Allemagne même s'il est recouvert de neige – le Winklerberg d'Ihringen. Il est certain que c'est un des meilleurs vignobles du Kaiserstuhl et c'est pour cela que l'on trouve des bons vins dans les caves à Ihringen. C'est pour les amateurs de géologie le lieu de départ d'un circuit à travers les sites volcaniques. Les marches du vignoble sont tellement raides que tout le monde s'étonne que les vignerons puissent travailler leurs vignes. Mais le résultat est à la hauteur des efforts.

DER WINKLERBERG

BESTE STEILLAGE AM SÜDWESTLICHSTEN ECK DES KAISERSTUHLS

MEIN REBHISLI

TRAUMHÄUSER MIT AUSSICHT

In Ihringen stehen die schönsten Häuser – wenn es sich hierbei um die liebevollen Rebhisli handelt, stimmt das in jedem Fall. Neben den Hohlgassen vielleicht die eigenwilligste Erscheinung am Kaiserstuhl. Wer bei einem starken Regen Schutz in so einem Rebhisli gefunden hat, der hat sich doch längst verliebt und kann an keinem vorrübergehen, ohne wenigstens einen kleinen Blick hineinzuwerfen.

MON REBHISLI
Maisons de rêves avec vue

A Ihringen se trouvent les plus belles maisons – s'il s'agit des adorables „Rebhisli" (maisonettes du vignoble) c'est certain. Aves les chemins creux c'est peut être la singularite la plus spectaculaire du Kaiserstuhl. Celui qui a trouvé abri dans un Rebhisli et qui y est resté un moment en est à coup sûr tombé amoureux. Il ne pourra plus jamais passer devant un Rebhisli sans y jeter un coup d'oeil.

LA NUIT LES ÉTOILES
SCINTILLENT
Quelle belle invitation

Que ce soit le Schwarzer Adler, Krone ou Sonne – tous veulent toucher les étoiles. Parfois il existe une réelle bousculade, cependant la gastronomie au Kaiserstuhl a une longue et belle tradition. Pour beaucoup c'est la manière préférée ou la plus agréable de découvrir le Kaiserstuhl. Et que serait une région viticole sans Winzerstube (Auberge du vigneron).

DIE STERNE SIEHT MAN AM BESTEN BEI NACHT

WAS FÜR EINE EINLADUNG

Zum Kaiserstuhl Vogtsburg-Niederrotweil,

Schwarzer Adler Oberbergen,
Schloss Reinach Munzingen,
Winzerstube Ihringen,

Haus Kindler Endingen,
Pension zum Schlossberg Breisach,

Krone Vogtsburg-Achkarren

Ob Schwarzer Adler, Krone oder Sonne – alle greifen sie irgendwie nach den Sternen. Manchmal gibt es da ein richtiges Gerangel, und doch hat die Gastronomie am Kaiserstuhl eine lange und gute Tradition. Für viele ist es die liebste und auf jeden Fall die angenehmste Seite, den Kaiserstuhl kennen zu lernen. Und was wäre schon eine Weinregion ohne Winzerstube.

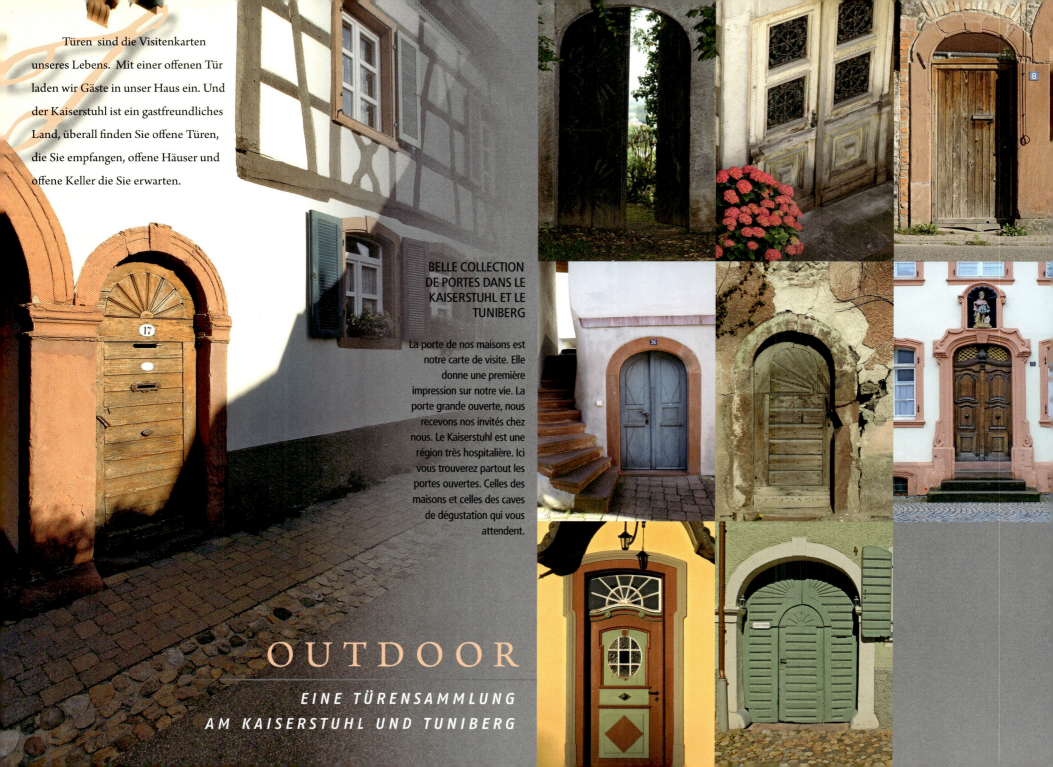

Türen sind die Visitenkarten unseres Lebens. Mit einer offenen Tür laden wir Gäste in unser Haus ein. Und der Kaiserstuhl ist ein gastfreundliches Land, überall finden Sie offene Türen, die Sie empfangen, offene Häuser und offene Keller die Sie erwarten.

BELLE COLLECTION DE PORTES DANS LE KAISERSTUHL ET LE TUNIBERG

La porte de nos maisons est notre carte de visite. Elle donne une première impression sur notre vie. La porte grande ouverte, nous recevons nos invités chez nous. Le Kaiserstuhl est une région très hospitalière. Ici vous trouverez partout les portes ouvertes. Celles des maisons et celles des caves de dégustation qui vous attendent.

OUTDOOR

EINE TÜRENSAMMLUNG AM KAISERSTUHL UND TUNIBERG

154/155

Badberg mit Blick auf Schelingen und Katharinenberg

DER KAISERSTUHL IM WINTER

HIER LIEGT EIN GEHEIMNIS VERSTECKT

LE KAISERSTUHL EN HIVER · ICI SE CACHE UN SECRET

Die schönsten Landschaftspfleger verrichten ihre Arbeit in einer Jahreszeit, zu der sich sonst keiner hinaustraut. Schafe sind den ganzen Winter auf den Wiesen des Kaiserstuhls unterwegs in Sachen Landschaftspflege. Sie sorgen dafür, das nur das wächst, das auch hierher gehört. Danke.

LE BON BERGER
Animaux dans un paysage grandiose

Les plus beaux paysagistes font leur travail dans la saison où personne ne s'aventure à l'extérieur. Les moutons sont dans les prés du Kaiserstuhl pendant tout l'hiver. Ce sont les garants qu'ici ne poussera que ce qui doit y pousser. Merci !

SPUREN UND ERINNERUNGEN

WINTER AUF DEM KAISERSTUHL

Mit dem Vorurteil des ewigen Sonnenscheins oder dem extremen Trockengebiet am Kaiserstuhl räumen wir hier gründlich auf. Der Winter ist eingezogen mit all seiner Macht und Schönheit. Ein faszinierendes Schauspiel nimmt seinen Lauf. Starke Nordwestwinde wehen den Schnee die weichen Hügel hinauf und entladen sich an den Bergkanten. Dort entstehen bizzarre Formen und eigenartige Spuren, die unsere Fantasie bewegen und uns auf eine lange Reise mitnehmen.

TRACES ET SOUVENIRS
L'hiver dans le Kaiserstuhl

Nous allons mettre fin aux préjugés: soleil éternel et extrême sécheresse au Kaiserstuhl. L'hiver prend ses quartiers avec sa toute puissance et sa beauté. Un spectacle fascinant suit son cours. Des vents forts du nord-est balaient la neige sur les pentes douces et la dépose aux bords des montagnes. C'est là que naît une aventure inoubliable, des formes bizarres et des traces surréalistes éveillent notre fantaisie et nous entraînent vers un très long voyage.

DER WINTER IST EIN KÜNSTLER

DIE ANTWORT KENNT NUR DER WIND

Wir sind doch unser ganzes Leben auf Spurensuche, sei es in unserer Vergangenheit oder in unserem Umfeld. Ein ganz besonderes Spurenerlebnis zaubert der Winter direkt auf den Kanten der Kaiserstuhlberge. Nutzen Sie einen Wintertag, um dieses Schauspiel zu erleben. Es hinterläßt Spuren in Ihren Gedanken und Erinnerungen. Spuren, die wir irgendwann brauchen.

L'hiver est un artiste
SEUL LE VENT CONNAIT LA RÉPONSE

Toute notre vie nous sommes à la recherche de traces, que ce soit dans notre passé ou dans notre environnement présent. L'hiver fait apparaître comme par magie des traces toute particulières aux abords des montagnes du Kaiserstuhl. Ces traces s'inscrivent dans nos pensées et dans nos souvenirs, des traces qui nous seront utiles un jour.

BONNE NUIT

SPUREN EINER WINTERNACHT AM KAISERSTUHL

Wenn die Nacht kommt, ist längst Ruhe eingezogen in der Natur. Im Winter erst recht. Jetzt beginnt ein fast lautloses Leben, an dem wir nicht teilhaben können. Erst am nächsten Morgen entdecken wir im Schnee die Spuren der Wildkatzen und der Tiere des Waldes, die sich heraustrauen und wie Schlafwandler über die Berge huschen.

Dans l'ombre de la nuit la nature est en paix. Plus particulièrement en hiver, maintenant commence une vie presque sans sons. Une vie à laquelle nous ne pouvons pas participer;
Ce n'est qu'au petit matin que nous découvrons les traces des chats sauvages et des animaux de la forêt qui osent sortir de leurs tanières et traversent les montagnes tels des somnambules.

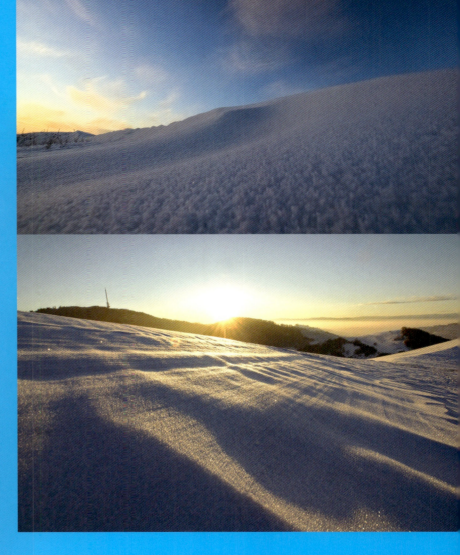

Ein einziger Tag entscheidet über unser Leben. Irgendwann kommt der Tag, der unser Leben verändert, wenn wir es zulassen. Doch je gewaltiger die Veränderung, je schöner das Erlebnis, umso schneller gleitet uns dieser Tag durch die Hände. Am Ende, wenn es dunkel ist, stehen wir da und fragen uns: Was ist geschehen? Was wird morgen sein?

UN SEUL JOUR:
Enfin l'hiver dans le Kaiserstuhl

Un seul jour peut décider de notre vie. Un jour arrivera et notre vie changera si nous le permettons.
Plus le changement est puissant, plus le moment est beau, et plus vite la journée nous glisse entre les mains. Puis à la fin, dans le noir nous restons là à nous demander: Que s'est il passé ? De quoi demain sera fait ?

NORD – NORD – WEST

*SPUREN EINER URKRAFT, DIE EINST
DEN KAISERSTUHL FORMTE*

Wie wurde diese Landschaft erschaffen, welche Kraft hat diesen Bergen, diese weiche Form gegeben?
An einem einzigen Wintertag können wir dieses Schauspiel nacherleben, wie in einem Trailer für einen guten Film.

NORD - NORD - OUEST
une force qui créa un jour le Kaiserstuhl

Comment ce paysage fut il créé, quelle force a donné cette forme douce à ces montagnes ?
Une seule journée hivernale nous permet de vivre ce spectacle époustouflant qui nous tient en haleine comme dans un bon film.

GEOMETRIE DER LANDSCHAFT

IM WINTER ZEIGT DIE LANDSCHAFT IHR WAHRES GESICHT

Von oben sieht die Welt ganz anders aus. Aus dieser Perspektive vereinigen sich die Spuren der Menschen zu einer ganz neuen Komposition. Die Natur erscheint in geometrischen Strukturen. Sie wirkt manchmal wie ein komponiertes Gemälde, das die Kaiserstühler Obstbauern hier geschaffen haben.

GÉOMÉTRIE DU PAYSAGE
En hiver le paysage montre son vrai visage

Vu d'en haut le monde a une toute autre allure. D'ici les traces des hommes s'unissent dans une toute autre composition. La nature ne profitera jamais de structures géométriques ou de rythmes mathématiques. Et, cependant, ce que les paysans ont fait de leurs vergers ressemble parfois à s'y méprendre à une toile peinte.

Um so einzigartiger, je kürzer und eindrucksvoller ein Moment ist, desto tiefer hinterläßt er bei uns Spuren. Vor allem die Einzigartigkeit der Winterlandschaft nimmt uns mit, ganz weit in ein tiefes Tal unseres eigenen Vergessens.

LES VAGUES DE LA MÉMOIRE
un moment unique qui reste éternel

Plus un moment sera unique, court et impressionnant, plus il laissera ses traces dans notre mémoire. C'est surtout le paysage majestueux de l'hiver qui nous entraîne au loin dans la vallée profonde de notre propre oubli.

DAS IST EIN VIEL ZU WEITES FELD

TUNIBERG · JURAGEBIRGE, MUNZINGEN UND DIE KAPELLE AUF DEM BERG

Erentrudiskapelle auf dem Tuniberg bei Munzingen

Wenn wir über Dinge nicht reden wollen, sagen wir gerne schnell „das ist ein viel zu weites Feld". Doch über diese Aussicht läßt sich viel sagen. Wie eine Landkarte liegt die Landschaft vor uns und ermöglicht uns einen ganz besondern Einblick. Munzingen, Tuniberg und die Aussicht – lass' uns darüber reden.

C'EST UN SUJET BEAUCOUP TROP VASTE
Tuniberg - Juragebirge - Munzingen et la Chapelle

Si nous voulons éviter de parler de quelque chose nous disons souvent „c'est un sujet trop vaste". Mais ce point de vue est litigieux. Telle une carte, les paysages du Tuniberg s'étendent vastes devant nous et nous offrent une vue grandiose. Munzingen, Tuniberg - parlons - en!

174/175

HINTER DEM HORIZONT GEHTS WEITER

AUSSICHT TUNIBERG

Aussicht Auf dem Berg in Richtung Rimsingen und zu den Vogesen

A PERTE DE VUE · Tuniberg

C'est probablement le plus grand des vignobles: Tel un grand navire la montagne plane du Jura se faufile à travers la plaine du Rhin et offre aux randonneurs des vues géniales sur les villages avoisinants et des panoramas dans toutes les directions. De cet endroit, la plaine, le Kaiserstuhl et la Forêt-Noire nous apparaissent dans un autre éclat. Un spectacle merveilleux commence lorsque les brouillards s'élèvent et se lovent contre le flanc de la montagne tel un voile, comme si le vin du Tuniberg devait rester secret.

Vielleicht einer der größten, zusammenhängenden Weinberge überhaupt, der Tuniberg. Wie ein großes Schiff treibt das abgeflachte Juragebirge durch die Rheinebene und bietet dem Wanderer geniale Einblicke in die angrenzenden Dörfer und grandiose Ausblicke in alle Richtungen. Von hier erscheint uns die Ebene, der Kaiserstuhl und der Schwarzwald, in einem ganz anderem Licht. Ein tolles Schauspiel beginnt, wenn die Nebel durch die Ebene aufziehen und sich wie ein Tuch um den flachen Berg legen, so als wäre der Wein vom Tuniberg ein großes Geheimnis.

Der Kaiserstuhl wurde einst von wilden Rheinwassern umflossen, zurückgeblieben sind fruchtbare Böden, auf denen alle Getreidesorten wachsen. Mühlbäche durchziehen die Wälder und laufen auch heute noch den Mühlen entgegen. Die Ebene steht dicht mit Getreide, die Felder kaum zu erfassen. Die Mühlen sind voll und in den Backstuben im und am Kaiserstuhl und Tuniberg rauchen die Kamine.

DU PAIN ET DU VIN
Les plaines de céréales au pied du Kaiserstuhl et du Tuniberg

Le Kaiserstuhl était autrefois inondé par les eaux sauvages du Rhin. De ces temps révolus nous sont restées des terres fertiles où poussent toutes sortes de céréales. De petits ruisseaux sillonnent les forêts et alimentent de nos jours encore les moulins de la région. La plaine regorge de grains, les champs s'étalent à l'infini, les moulins sont pleins et les fournils du Kaiserstuhl / Tuniberg laissent échapper une délicieuse odeur de pain cuit.

BROT UND WEIN

*UM DEN KAISERSTUHL UND UM DEN TUNIBERG
WÄCHST DAS BROT ZUM WEIN*

DANS LE FLEUVE
Le Rhin et son dynamisme

On a plus d'une fois considéré le Rhin comme étant mort. Aujourd'hui, il est plus vivant que jamais. Parfois même, il nous montre ses forces herculéennes.
Des cascades d'eau trépidantes, aux étendues miroitantes ou bras morts gelés, le Rhin se présente sous divers aspects. Et cela devrait nous rappeler qu'en ses eaux gronde une extrême énergie capable de brusques changements. Soyons prudent et respectueux face à la puissance de ce fleuve.

Der Rhein wurde immer wieder tot geredet. Heute lebt er besser denn je. Manchmal läßt er uns sogar seine gewaltigen Urkräfte sehen. Vom rauschenden Wasser bis zu spiegelnden Wasserflächen und eingefrorenen Seitenarmen.

Das Wasser im Rhein hat ein sehr vielfältiges Erscheinungsbild und erinnert uns an seine gewaltige Kraft der Veränderung, die uns Menschen dem Fluss mit größtem Respekt gegenübertreten lassen sollte.

IM FLUSS

DER RHEIN UND SEINE DYNAMIK

LES HEURES BLEUES AU BORD DU RHIN
Simplement rêver

La dernière lumière fait presque disparaître les pires cicatrices de la nature. Des blessures qui sont nées il y a des centaines d'années et qui n'ont jamais vraiment guéries. Mais elles nous ont appris à regarder ce qui se cache derrière. Elles nous ont presque obligés à rêver d'un paradis de jadis, perdu. Mais le plaisir que nous avons avec ce fleuve plein de vie à l'histoire bien singulière nous ne le laisserons à personne lorsque le soir descend.

Das letzte Licht läßt die schlimmsten Narben einer Landschaft fast verschwinden. Wunden die über die Jahrhunderte entstanden und nie richtig verheilt sind. Doch sie haben uns gelehrt, dahinter zu schauen, sie haben uns fast dazu gezwungen zu träumen von einem vergangenen, verlorenen Paradies. Doch wir lassen uns die Freude an diesem lebendigen Fluss mit seiner einzigartigen Geschichte nicht nehmen, jetzt wo der Tag zu Ende geht.

182/183

184/185

Der Rhein als Wasserstraße – eine gelungene Renaissance. Es tut sich was auf dem Wasser. Kreuzfahrtschiffe, Kiesschlepper, Freizeitkapitäne mit ihren Jachten kreuzen die Wege und lassen sich von einem uralten Mythos faszinieren – der romantische Rhein lebt, auch hier zwischen Basel und Straßburg.

EN DESCENDANT LE RHIN
Impressions du trafic fluvial sur le Rhin supérieur
Le Rhin comme voie fluviale, une renaissance réussie. Cela bouge sur l'eau. Bâteaux de croisière, péniches aux lourdes charges et capitaines du dimanche se croisent et sont fascinés par un mythe ancestral, le Rhin romantique est bien vivant entre Bâle et Strasbourg.

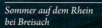

Sommer auf dem Rhein bei Breisach

DEN RHEIN HINUNTER

SCHIFFFAHRTSIMPRESSIONEN AM OBERRHEIN

AMAZONIEN AM OBERRHEIN

PARADIESISCHE AUENLANDSCHAFT IN BREISACH AM RHEIN

Der Traum von der großen Freiheit lebt – und zwar bei uns vor der Haustür. Amazonas und Yukon lassen grüßen und wenn auch nur für einen Sonntagnachmittag. Doch wenn wir wollen, geht die Fahrt weiter, Stunden und Tage durch die Altrheinarme über Sasbach, Weisweil, Taubergießen nach Schönau und Kehl. Und wenn wir eins sind mit dieser Natur, die uns hier geschenkt wird, so werden wir diese schützen und für sie eintreten und sie genießen in einer einzigartigen Ruhe.

AMAZONIE DANS LE HAUT-RHIN
Le paradis à Vieux-Brisach

Le rêve de l'aventure et de la liberté est toujours aussi présent et parfois à deux pas de chez nous. Pour un dimanche après-midi l'Amazonie et le Yukon s'offrent à nous. Et si nous le souhaitons, le voyage peut durer des heures et des jours entiers sur les bras morts du Rhin, en passant par Sasbach, Weisweil, Taubergiessen et jusqu'à Schönau et Kehl. Et lorsqu'en parfaite harmonie avec cette nature qui nous est offerte, nous en savourons l'apaisante quiétude, il ne faudra pas oublier de s'engager pour la protection de ces paysages d'une rare beauté.

Sumpfdotterblume
Caltha palustris

Eisvogel
Alcedo atthis

ÜBER DEN FLUSS UND IN DIE WÄLDER

WALDSCHLUT BREISACH – BURKHEIM – SASBACH – WYHL

Versteckt im Wald liegen die Schlut, der Waldweiher, das Rappennest und die letzten verzweigten Rheinarme. Sie liegen fast so, als würde sich keiner für sie interessieren. Doch diese Landschaft ist es wert, entdeckt zu werden. Auch diese Landschaft braucht eine Lobby, damit dieses einzigartige Stück Natur, das uns noch geblieben ist, weiterlebt.

AU-DELÀ DU FLEUVE ET SOUS LES ARBRES
Breisach-Burkheim-Sasbach-Wyhl

Cachés dans la forêt, à l'abri des regards se trouvent la Schlut, le Waldweiher et le Rappennest derniers bras morts du Rhin, séparés du fleuve par les canalisations du siècle dernier. Ces cours d'eau ne semblent intéresser personne et pourtant ces paysages uniques méritent d'être découverts. Ils ont besoin d'un groupe de pression et de soutien afin que subsiste cette extraordinaire réserve naturelle.

Angekettet schaukeln sie im Dickicht so vor sich her – die letzten Stocherkähne am Altrhein. Viele von ihnen sind vollgelaufen mit Wasser, ja verwachsen mit dem Schilf und der Flussvegetation. Das langsame Verschwinden einer vergangenen Zeit hat ein konkretes Gesicht. Doch jetzt ist die Zeit gekommen, dass wir uns wieder aufmachen mit dem Stocherkahn unseren langen, ruhigen Fluss hinunterzutreiben. Die Ketten einfach los machen, für ein unvergleichliches Erlebnis und ein ganz besonderes Abenteuer.

AUF EINEM LANGEN RUHIGEN FLUSS

MIT DEN LETZTEN STOCHERKÄHNEN UNTERWEGS IN DEN RHEINAUEN

SUR UNE RIVIÈRE LONGUE ET CALME
Les dernières barques à fond dans les forêts alluviales du Rhin

Enchaînées à des troncs d'arbres, les dernières barques à fond plat se balancent sur les petites vagues de l'Altrhein. Beaucoup d'entre elles sont complètement plongées dans l'eau, même soudées avec le roseau et la végétation du fleuve. Ici, la lente disparition d'un temps passé a un visage concret. Pour nous, le moment est maintenant venu de partir en bateau et descendre notre rivière longue et calme. Il faut simplement détacher les chaînes pour entrer dans une expérience incomparable et une aventure toute particulière.

9 Der Auwald ist ein gewaltiges Symbol der Veränderung. Wenn im Winter die am Horizont entlang laufende Sonne den Waldboden erreicht, stehen die Bäume ganz licht. Der spannende Moment ist dann im beginnenden Frühjahr, wenn das erste Grün, speziell der Bärlauch, den Waldboden durchsetzt. Jetzt geht es ganz schnell. Der Bärlauch schafft gerade noch seine üppige Blüte, bevor die Kronen ihren grünen Vorhang für den ganzen Sommer zuziehen. Jetzt ist nichts mehr, wie es war.

L'ESPOIR RENAIT
Les forêts marécageuses de l'hiver au printemps

La forêt marécageuse, un impressionant symbole du changement. Lorsqu'en hiver les rayons d'un pâle soleil bas à l'horizon atteignent le sol de la forêt, les arbres clairsemés sont encore dénudés.
Dès que le printemps impatient fait son apparition, surgissent les premières pousses et tout spécialement l'ail des ours, tapissant le sol de la forêt. Tout va très vite à présent. L'ail des ours parviendra tout juste à se fleurir de son abondante parure avant que la cime des arbres ne se recouvre d'un épais feuillage, tel un rideau vert fermé jusqu'à la fin de l'été. Plus rien n'est comme avant à présent.

DAS GEHEIMNIS DES AUWALDES

DER URWALD AM OBERRHEIN

Wenn wir uns heute dafür einsetzen, die Urwälder am Amazonas oder anderswo auf der Welt zu schützen, so denken wir auch daran, dass wir unsere eigenen Urwälder wie hier am Oberrhein größtenteils selber zerstört haben. Selbst das kleine Stück, das uns hier geblieben ist, ist ständig gefährdet. Auch diese Landschaft braucht einen Paten, der für sie eintritt. Kämpfen wir für den Erhalt unserer eigenen grünen Lunge.

LE MYSTÈRE DE LA FORÊT ALLUVIALE DU RHIN
La fôret vierge dans la région du Rhin Supérieur.

En considérant nos efforts pour protéger les forêts vierges en Amazonie et ailleurs dans le monde, nous devons être conscients que nous avons, nous-mêmes, détruit nos propres forêts vierges, comme celle présente dans la région du Rhin Supérieur. Même ce petit morceau de fôret qui nous reste est toujours menacé. Ce paysage a besoin de parrains qui prennent l'iniative. Battons-nous pour la conservation de notre poumon vert.

Im Auwald finden sich einzigartige Lebensräume, die den Kreislauf einer intakten Natur in Schwung halten und sich auch auf veränderte Lebensweisen einstellen. Schwarzpappel und Weißpappel beherrschen den Auwald mit ihrer mächtigen Ausstrahlung. Immer mehr Tiere finden auch in den Wintermonaten hier einen Lebensraum. Für uns Menschen ist es ein Rückzugsgebiet geworden, wo unsere Seele mal so richtig durchatmen kann.

Dans la forêt alluviale du Rhin, nous trouvons des habitats particuliers qui maintiennent le cycle d'une nature intacte en s'adaptant à l'évolution des modes de vie.
Le peuplier noir et le peuplier blanc dominent la forêt alluviale par leur rayonnement puissant. De plus en plus d'animaux y trouvent un habitat unique, par exemple pendant les mois d'hiver. Aux hommes, la forêt alluviale sert de refuge et de détente.

Schwarzpappeln und Stimmungen an der Möhlin bei Breisach.

Genau betrachtet, gibt es auf unserer Welt nur eine Konstante, und das ist die Veränderung. Nichts ist und bleibt auch nur von einer Sekunde zur anderen. Und doch wollen wir an allem festhalten. Eines der eindrucksvollsten Naturbeispiele ist hierfür der Flusslauf mit seinen Mäandern, der Veränderungskraft von Hoch- und Niedrigwasser. Selbst stillliegende Seitenarme sind durch die Veränderung der Vegetationszeiten nicht von diesem Zyklus abgeschnitten. Sie liefern uns hier ein geniales Beispiel, an dem wir unsere Empfindungen und Gedanken ausrichten können.

SEUL LE CHANGEMENT VIT
Un bras mort du Rhin nous montre la vie

Si l'on y regarde de près, il n'y a qu'une seule constante dans notre monde, c'est le changement. Rien ne reste tel qu'il est, pas même d'une seconde à l'autre. Cependant, nous voudrions conserver tout.
Un des exemples les plus impressionnants dans la nature est le cours de la rivière avec ses méandres et la force de changement des hautes et basses eaux. Même les bras morts du Rhin ne sont pas coupés de ce cycle lors du changement saisonnier de la végétation. Ce sont ces bras de la rivière, qui nous fournissent un exemple génial pour orienter nos sentiments et pensées.

NUR DIE VERÄNDERUNG LEBT

EIN STILLLIEGENDER RHEINSEITENARM ZEIGT UNS DAS LEBEN

So wie wir mit unseren Flüssen umgehen, so zeigt sich uns ihr Bild. Der Rhein ist ein Spiegelbild unserer Gesellschaft. Manchmal uneins oder gar zerstritten, aber irgendwie auf dem Weg der Besserung. Auf jeden Fall ein Spiegel, indem es viel zu entdecken gibt.

LES DEUX VISAGES D'UNE RIVIÈRE
Le Rhin, reflet de nous-mêmes

Les riviéres se montrent à nous telles que nous les traitons. Le Rhin est un reflet de notre société. Parfois, il est divisé ou même disloqué, mais, d'une certaine manière, en voie de guérison. En tout cas, c'est un miroir dans lequel il y a beaucoup à découvrir.

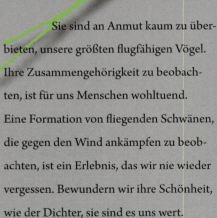

Mit gelben Birnen hänget
Und voll mit wilden Rosen
Das Land in den See,
Ihr holden Schwäne,
Und trunken von Küssen
Tunkt ihr das Haupt
Ins heilignüchterne Wasser.

Weh mir, wo nehm' ich, wenn
Es Winter ist, die Blumen, und wo
Den Sonnenschein,
Und Schatten der Erde?
Die Mauern stehn
Sprachlos und kalt, im Winde
Klirren die Fahnen.

Friedrich Hölderlin

Avec ses poires jaunies s'avance,
Et pleine de roses sauvages,
La rive sur le lac,
Vous, cygnes charmants
Et grisés de baisers
Vous plongez la tête
Dans l'eau sainte et frugale.

Malheur à moi, où vais-je, quand
Ce sera l'hiver, prendre des fleurs, et où
L'éclat du soleil,
Et les ombres de la terre ?
Les murs se tiennent
Sans langage et froids, dans le vent
Claquent les girouettes.

Friedrich Hölderlin

Sie sind an Anmut kaum zu überbieten, unsere größten flugfähigen Vögel. Ihre Zusammengehörigkeit zu beobachten, ist für uns Menschen wohltuend. Eine Formation von fliegenden Schwänen, die gegen den Wind ankämpfen zu beobachten, ist ein Erlebnis, das wir nie wieder vergessen. Bewundern wir ihre Schönheit, wie der Dichter, sie sind es uns wert.

MOITIÉ DE LA VIE
Cygnes sur le Rhin

Leur élégance gracieuse sur l'eau est incomparable. Pour nous humains, il est agréable et enrichissant de les voir évoluer, attentifs, au sein du groupe. Voir passer un vol de cygnes se battant à grand effort contre le vent est un spectacle inoubliable. Tout comme le poète, admirons la beauté altière de ces grands oiseaux.

Mitten im Rheintal, zwischen Vogesen und Schwarzwald, Schnittstelle zwischen Deutschland und Frankreich, Brücke zwischen Baden und dem Elsaß: Breisach hat eine wahrlich herausragende Stellung. Der vulkanische Berg hebt sich 46 Meter aus der vom Rhein geschaffenen Ebene. Die Ausblicke über alle Berge bis zum französichen Jura und mitten hinein in die Burgundische Pforte fasziniert jeden Besucher.

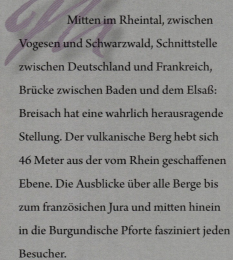
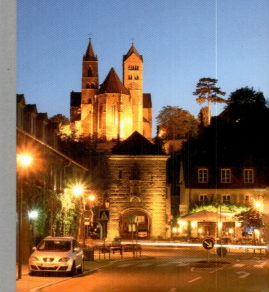

UNE VILLE HAUT PERCHEE
Tous les chemins mènent à Breisach

En pleine vallée du Rhin, située entre les Vosges et la Forêt Noire, point de jonction entre la France et l'Allemagne, pont dressé entre le pays de Bade et l'Alsace, voici Breisach.
Cette ville a vraiment un emplacement exceptionnel du haut du rocher volcanique, où elle se dresse, 46 mètres au dessus de la vallée creusée par le Rhin. Tout touriste visitant ce joyau est fasciné par la vue grandiose qui s'offre à lui par delà les montagnes aux confins du Jura français et jusqu'aux portes de la Bourgogne.

SCHAUT AUF DIESE STADT

ALLE WEGE FÜHREN NACH BREISACH AM RHEIN

HERAUSRAGEND
ST. STEPHANSMÜNSTER BREISACH AM RHEIN

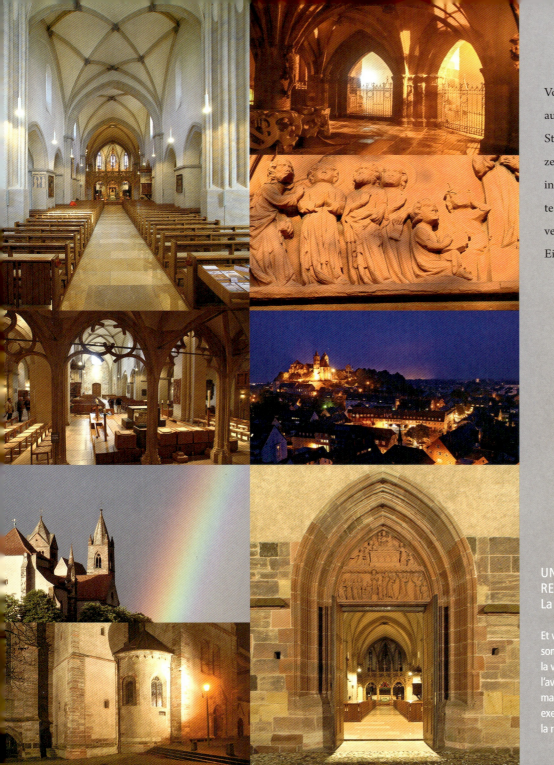

Und oben steht die Stadt. Von weitem sichtbar ist das Münster und die Stadt auf dem Berg. Breisach am Rhein mit dem Sankt Stephansmünster ist nicht nur optisch ein Wahrzeichen, es mahnt uns auch, mit der Vergangenheit in die Zukunft zu gehen. Als immer wieder zerstörte Stadt ist Breisach heute ein Beispiel für Völkerverständigung und ein Motor für den europäischen Einheitsgedanken.

UNE EGLISE REMARQUABLE
La cathédrale de Breisach

Et voici Breisach et sa cathédrale St. Stéphane surgissant de loin, du haut de son éperon rocheux surplombant toute la vallée du Rhin. Emblème de la ville, cet édifice majestueux nous rappelle l'importance d'une ouverture sur l'avenir, tout en n'oubliant pas les richesses du passé. Breisach a été détruite maintes fois au cours de son histoire. Mais aujourd'hui cette ville est un exemple vivant de l'entente entre les peuples, contribuant ainsi à la réalisation d'une Europe unie.

Das Breisacher Nachtleben hat manchmal keinen guten Ruf. Doch eigentlich ist es ganz schön ruhig, nachts auf den Straßen der Stadt, und das ist gut so. Entdecken Sie die versteckten Winkel einer großartigen Stadt mit einer lebendigen Geschichte und ganz schön heißem Pflaster.

BREISACHER NACHTLEBEN
WENN DIE NACHT KOMMT

BREISACH „BY NIGHT" · Quand la nuit tombe

La vie nocturne à Breisach am Rhein n'a pas vraiment bonne réputation. Pourtant tout est agréablement calme la nuit dans les ruelles pavées. Et l'on souhaiterait que cela ne change jamais. N'hésitez pas à venir découvrir les recoins cachés de cette ville exceptionnelle, riche encore de son histoire et de son passé.

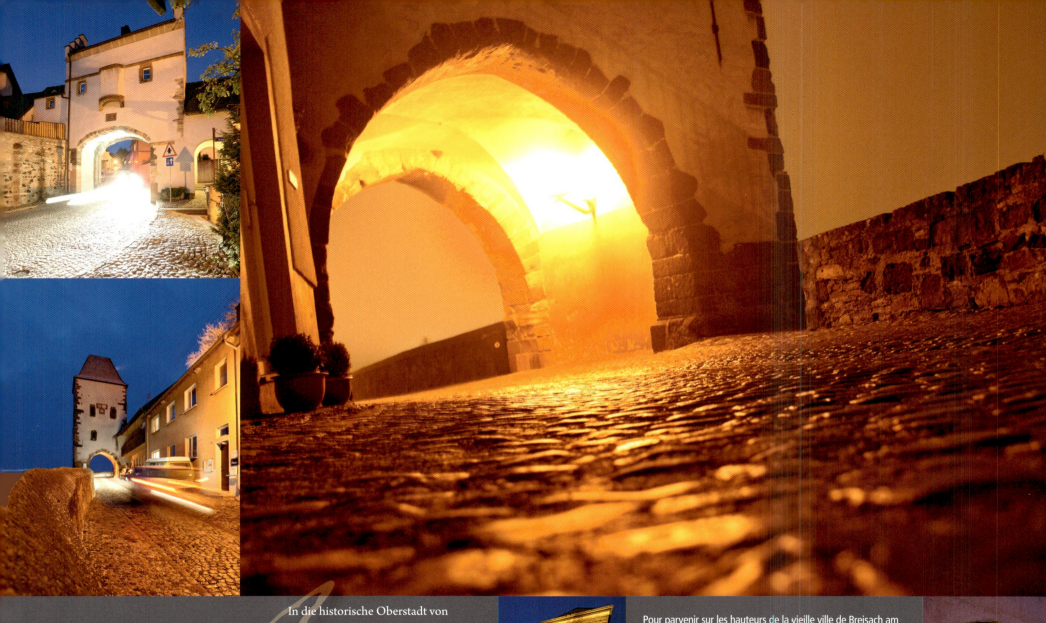

In die historische Oberstadt von Breisach am Rhein kommen Sie nur durch eines der vielen Stadttore. Auf der Stadtseite sind das das Gutsgesellentor und der lange als Gefängnisturm genutzte Hagenbachturm. Vom Rhein her gelangen Sie durch das Kapftor nach oben.

Pour parvenir sur les hauteurs de la vieille ville de Breisach am Rhein, il vous faudra traverser l'une des nombreuses portes qui gardent son accès.

Du côté de la ville, vous trouverez la porte Gutgesellen (Gutgesellentor) et la tour Hagenbach qui servit longtemps de prison. Du côté du Rhin, la porte Kapf (Kapftor) vous ménera à la ville haute.

TRAUMTORE
EINTRITT FREI

Heute sieht es ein bisschen verloren aus, wie das Rheintor mit seiner Brücke über dem ruhigen Schwanenweiher dasteht. Doch dieses Tor hat wahrlich schon andere Zeiten erlebt. Schon auf alten Karten läßt sich seine Stellung erahnen, als Verbindungselement über die Rheininseln hinweg, auf die Straße direkt hinein in die Festung Vaubans, nach Neuf-Brisach.

DES PORTES DE REVE · Entrée libre

La porte du Rhin avec son pont en bois sur l'étang du Schwanenweiher semble un peu délaissée de nos jours. Elle a pourtant connu son heure de gloire par le passé. Et son emplacement est déjà mentionné sur d'anciennes cartes. La porte du Rhin était alors moyen d'échange et de communication de part et d'autre du Rhin. S'appuyant sur l'île du Rhin, le pont traversait le fleuve menant ainsi directement à Neuf-Brisach, ville fortifiée par Vauban.

LE TRESOR DU SCHLOSSBERG
Une aventure pétillante dans les caves du Schlossberg

Dans tout roman d'aventure se trouve inévitablement une scène se déroulant dans une grotte ou une cave ensorcelée. Dans notre aventure, nous nous retrouvons dans les caves de la maison Geldermann, producteur de vins mousseux à Breisach. L'origine de ces caves taillées dans la roche du Schlossberg est un mystère. Nul ne sait qui les a construites, ni à quelles fins. Et le décor ici n'en est que plus troublant. Trouver un trésor est à portée de main. Des milliers de bouteilles achèvent leur maturation dans les traditionnels caissons à remuage de la méthode champenoise. Imaginez un instant que vous vous perdiez en ces lieux... Quelle délicieuse aventure !

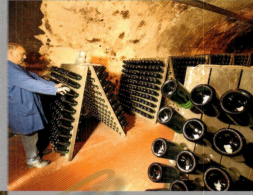

Jede gute Abenteuergeschichte braucht eine Höhle oder einen verwunschenen Keller. In unserer Geschichte sind wir im Schlossbergkeller der Sektkellerei Geldermann – was für ein Abenteuer! Schon allein die Historie dieses Kellers ist ein Geheimnis. Keiner weiß, wer ihn gebaut hat, wozu diese historischen Gänge unter dem Schlossberg dienen. Umso geheimnisvoller erscheint uns die ganze Szenerie. Schätze zu finden, ist hier allerdings nicht schwer. Überall stehen die Rüttelpulte für die traditionelle Flaschengärung.

DER SCHATZ IM SCHLOSSBERG

PRICKELNDES ABENTEUER IM FELSENKELLER

SHALOM

DER JÜDISCHE FRIEDHOF IN BREISACH AM RHEIN

Friede. Ja, Friede kann man schon empfinden, wenn der Schnee in der ganzen Ebene fällt und sich ganz leise auf die wunderschönen Steine des Jüdischen Friedhofes in Breisach am Rhein legt. Der Schnee deckt so manches zu und bringt so manche Schönheit erst so richtig zur Geltung. Was wir hier fühlen ist Frieden.

Bei diesem Symbol handelt es sich um die segnenden Hände von Männern aus dem Geschlechte Aaron. Die Hände zeigen dass hier ein Kohen, ein Nachfahre der Tempelpriester begraben ist.

SHALOM
Le cimetière juif de Breisach am Rhein

Paix. Oui, c'est bien une paix intense que l'on ressent, lorsque la neige envahissant toute la plaine, se dépose délicatement calfeutrant les pierres tombales du cimetière de Breisach. Son tapis blanc recouvre toute imperfection, révélant la beauté sereine de ces tombes. En ces lieux nos coeurs émus sont envahis d'une paix profonde.

Ce symbole des deux mains donnant la bénédiction, est celui de la lignée de Aaron. Ces mains sont la preuve qu'ici gît un Cohen, descendant des prêtres du temple.

Es war einmal ein Ort, in dem wohnten viele Winzer und eine Märchenfee. Das verwunschene Schloss hatte kein Dach mehr, doch die mittelalterliche Stadt sah aus wie eine sauber geputzte Puppenstube. Die Winzer arbeiteten im Schlossgarten und im Feuerberg, bis der Nachtwächter sie nach Hause leuchtete. Die meisten fühlten sich wie im „Siebten Himmel", wo sie berauschende Wasser und geheimnisvolle Elexire zu sich nahmen, was manchmal dazu führte, dass so mancher glaubte, er sei in einer Anderswelt.

216/217

VIGNOBLES FÉÉRIQUES
Feuerberg, Schlossgarten et autres sites de rêve à Vogtsburg - Burkheim, au Kaiserstuhl

Il était une fois un lieu dans lequel vivaient plusieurs vignerons et une fée. Le château maudit n'avait plus de toiture mais la ville moyenâgeuse était pimpante comme une maison de poupée fraîchement astiquée. Les vignerons travaillaient dans le jardin du château et dans le Feuerberg jusqu'à ce que le veilleur de nuit les raccompagne chez eux. La plupart d'entre eux se croyaient au 7ème ciel où ils prenaient des eaux enivrantes et des élixirs secrets, ce qui leur fit croire qu'ils étaient dans un autre monde.

MÄRCHENHAFTE WEINBERGE

FEUERBERG, SCHLOSSGARTEN UND ANDERE TRAUMHAFTE LAGEN IN VOGTSBURG–BURKHEIM AM KAISERSTUHL

LE MOYEN-ÂGE EN DIRECT
Vogtsburg - Burkheim au Kaiserstuhl

Le plus bel enplacement du Kaiserstuhl n'est peut-être pas un vignoble mais la vieille ville de Burkheim au Kaiserstuhl qui dévoile toute sa beauté au visiteur. Quelquefois cela semble presque impudique lorsque la ville offre toutes ses richesses, surtout à la tombée de la nuit.

Die vielleicht schönste Lage am Kaiserstuhl ist keine Weinlage sondern die Lage der Burkheimer Altstadt, die sich mit all ihrer Schönheit dem Betrachter anbietet. Es ist schon etwas Besonderes wie die Stadt ihre Kostbarkeiten anpreist, vor allem, wenn es Nacht wird.

MITTELALTER „LIVE"
VOGTSBURG–BURKHEIM AM KAISERSTUHL

La communauté d'Endingen contribue visiblement à la collection de clochers et de portes de la ville dans la région du Kaiserstuhl. Comme premier centre d'accueil pour les visiteurs venant du nord, Endingen a crée et conservé un contact aimable et agréable envers ses invités. Les deux clochers de l'église ont une immense force d'attraction. Si le charme particulier de cette ville vous saisit avec son grand nombre de caves et ses moments historiques, il ne vous relâchera plus. Par la porte du "Koenigschaffhauser Tor", vous quittez la ville et entrez dans le paradis des cerises et des vins.

Zur Sammlung der Kirchtürme und Stadttore am Kaiserstuhl trägt Endingen einen guten Teil bei. Als erste Anlaufstelle für Besucher aus dem Norden, hat sich Endingen einen ganz besonders freundlichen und angenehmen Umgang geschaffen und erhalten. Die zwei Türme der Kirchen haben eine besondere Anziehungskraft. Wenn das besondere Flair der Stadt mit ihren Weingütern und historischen Momenten, Sie erstmal gepackt hat, läßt es Sie nicht mehr los.
Heraus aus der Stadt kommen Sie nur durch das Königschaffhauser Tor und treten mitten hinein in das Kirschen- und Weinparadies Kaiserstuhl.

ENDINGEN POUR TOUJOURS
Une petite ville pleine de charme

Endingen est la ville idéale pour les passionnés et les flâneurs. Une ville unique dans le style de l'Autriche antérieure. Elle vous séduit le jour avec ses petites boutiques et à la tombée de la nuit avec ses ruelles pleines de charme. Une ville comme jaillie d'un écrin, aux vues surprenantes et qui ne cesse de vous envoûter.

Endingen ist die richtige Stadt für Schwärmer und Bummler. Diese einmalige Stadt im vorderösterreichischen Stil lockt mit einer ganz feinen Auswahl an kleinen, individuellen Fachgeschäften und nachts mit so manchem geheimnisvollen Winkel. Eine Stadt wie aus dem Schmuckkästchen, mit so mancher überraschenden Ansicht, deren Anziehungskraft niemals endet.

Wenn Sie auf der Suche nach Kräutern vom Kaiserstuhl sind, so gehen Sie dem frischen Duft auf den mit Wildblumen überwucherten Wiesen des Badbergs nach oder entdecken Sie den Amolterer Kräuterpfad. Fragen Sie im Kräuterparadies Friderich in Sasbach, dem Burkheimer Kräuterhof und in der Stadtapotheke in Endingen nach und lassen Sie sich überraschen, nicht nur von den Kräutern.

SPIRALE DE L'HERBIER POUR LA SANTÉ
Le Kaiserstuhl – un paradis pour les plantes

Si vous êtes à la recherche de plantes aromatiques ou médicinales du Kaiserstuhl il vous suffit de suivre les senteurs des champs fleuris du Badberg ou de partir à la découverte du sentier de l'herbier. Renseignez - vous à la jardinerie de Sasbach (Friderich) et au "Burkheimer Kräuterhof" ou à la pharmacie du centre de Endingen et laissez - vous surprendre, pas seulement par les herbes.

KRÄUTERSPIRALE KAISERSTUHL

DER KAISERSTUHL – EIN KRÄUTERPARADIES

Dass es in Riegel am Kaiserstuhl einmal eine Brauerei gegeben hat, erscheint uns heute fast unwirklich. Die Spuren sind noch deutlich zu spüren in so manchem Biergarten, der uns an warmen Sommertagen mit seinen Reizen lockt. Trotz alledem hat die kleine Stadt an der Nord-Ostkante des Kaiserstuhls seine Reize. Barockbauten wechseln sich mit Fachwerkhäusern, alten gotischen Kirchen und so manchem rustikalen Hof ab. Voller Atmosphäre ist die lebendige Stadt.

CHÂTEAUX ET PORTES VERROUILLÉES
Baroque idyllique à Riegel au Kaiserstuhl

La présence d'une brasserie à Riegel au Kaiserstuhl nous semble presque irréel.
Dans certains „Biergarten" qui nous invitent les chaudes journées d'été, les traces en sont encore perceptibles. Malgré celà, cette petite ville au nord-est du Kaiserstuhl n'a pas perdu de son attrait.
Des constructions baroques, des maisons traditionnelles aux poutres apparentes, des églises gothiques et des fermes rustiques en font une ville d'une atmosphère particulière.

HINTER SCHLOSS UND RIEGEL

BAROCKIDYLLE MIT FACHWERK IN RIEGEL AM KAISERSTUHL

FANG DEINE TRÄUME EIN
VOGTSBURG–SCHELINGEN IM KAISERSTUHL

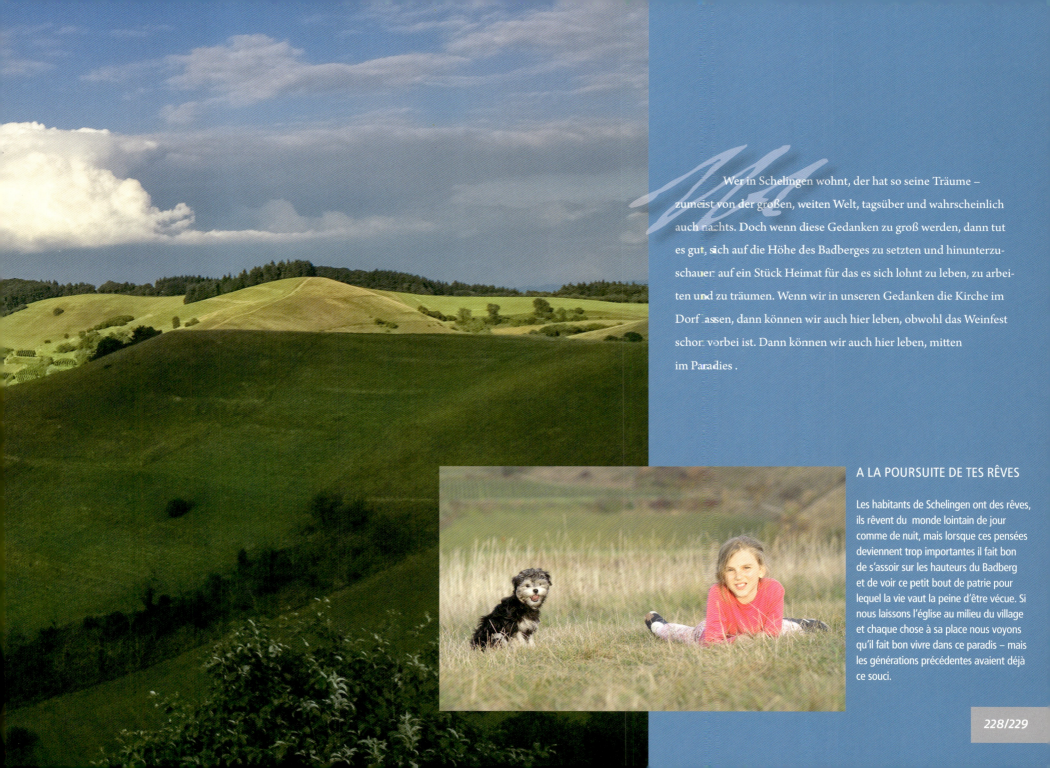

Wer in Schelingen wohnt, der hat so seine Träume – zumeist von der großen, weiten Welt, tagsüber und wahrscheinlich auch nachts. Doch wenn diese Gedanken zu groß werden, dann tut es gut, sich auf die Höhe des Badberges zu setzten und hinunterzuschauen auf ein Stück Heimat für das es sich lohnt zu leben, zu arbeiten und zu träumen. Wenn wir in unseren Gedanken die Kirche im Dorf lassen, dann können wir auch hier leben, obwohl das Weinfest schon vorbei ist. Dann können wir auch hier leben, mitten im Paradies .

A LA POURSUITE DE TES RÊVES

Les habitants de Schelingen ont des rêves, ils rêvent du monde lointain de jour comme de nuit, mais lorsque ces pensées deviennent trop importantes il fait bon de s'assoir sur les hauteurs du Badberg et de voir ce petit bout de patrie pour lequel la vie vaut la peine d'être vécue. Si nous laissons l'église au milieu du village et chaque chose à sa place nous voyons qu'il fait bon vivre dans ce paradis – mais les générations précédentes avaient déjà ce souci.

LE VILLAGE DES VIGNERONS
Ihringen au Kaiserstuhl

Ici tout tourne autour de la vigne ou plus exactement autour du vin. Les températures ne se mesurent pas en Fahrenheit ou Celsius mais en degrés d'alcool (Oechsle). La nuit Ihringen est sans vie mais en plein jour il y a des bouchons au centre ville avec les tracteurs et remorques qui vont vers le vignoble ou se dirigent vers les caves viticoles.

Hier dreht sich alles um die Rebe, oder besser um den Wein. Die Temperaturen werden nicht in Fahrenheit oder Celsius, sondern in Oechsle gemessen. Nachts ist der Ort wie ausgestorben, aber tagsüber, da ist Stau in Ihringens Ortsmitte, Stau von Traktoren und Schleppern, die entweder dem Weinberg entgegenfahren oder den Weingütern zustreben.

HIER HÄNGEN DIE TRAUBEN HOCH

*IHRINGEN AM KAISERSTUHL
DAS WINZERDORF*

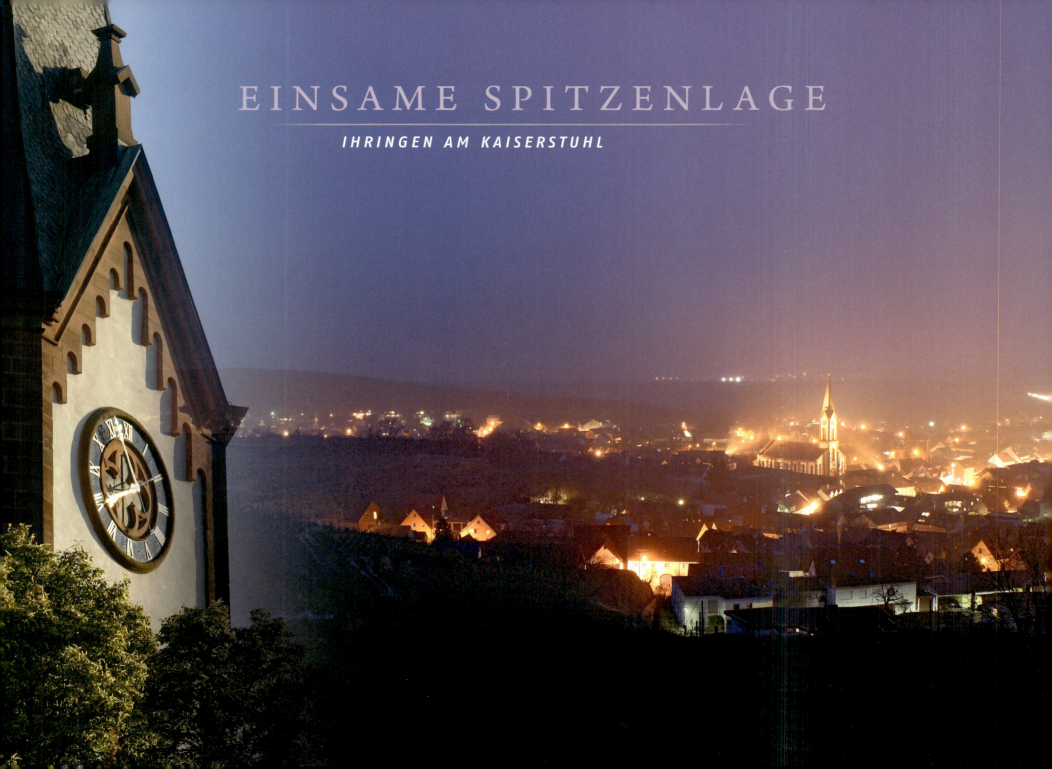
EINSAME SPITZENLAGE
IHRINGEN AM KAISERSTUHL

Wie die Beeren um den Stengel reihen sich die Häuser in Ihringen um die Kirche herum.
Hier gibt es manchmal eine ziemliche Drängelei.
Die Kirche steht wie ein junger Rebstock und die Menschen sind richtige Tiefwurzler, heimatverbunden, traditionell und alle sind sie in einer beneidenswerten Lage – nämlich Süd-Südwest.

SITUATION IDÉALE
Ihringen au Kaiserstuhl

Telles les baies formant la grappe, les maisons de Ihringen s'accrochent autour de l'église.
Parfois il faut se serrer, l'église est comme le cep et les gens sont les racines profondes, attachés à leur patrie et aux traditions et tous se trouvent dans une situation qu'on leur envie, sud- sud-ouest.

DIENSTAG 26.MAI 1987
Mir machte die Wärme zu schaffen. Ich war froh als ich fertig war. Das Elterngrab hab ich abgeräumt. Als ich heim kam musste ich mich legen. Nahm Kreislauftropfen. Dann ging ich in den Garten Geranien einpflanzen in Kistchen vor das Küchenfenster. Auch hab ich von Hanni Götz Krautsetzling bekommen und gleich gesetzt. Draußen hat es Abends 7 Uhr noch 20°.
Dienstag: Am Morgen war ich im Abts-Weingarten. Dann gingen Heidi und ich zu Wörne Gärtner Pflanzen holen fürs Elterngrab und das Kindesgrab von Monika. Als ich Heim kam ging ich in Westengarten Riesenbohnen stecken, dann hab ich noch im Garten aufgefalkt. Hanni kam auch vorbei.

MITTWOCH 27.MAI 1987
Am Morgen in Breisach (Zahnarzt). In der Nacht etwas Regen. Am Mittag mit Friedel Eltern grob Müller gemacht. Dann hab ich die Hofrabatte bepflanzt (Tagetes) usw. Abends um 8 Uhr fängt es an zu regnen.

DONNERSTAG 28.MAI 1987
In der Nacht etwas Regen. Am Tage mal trüb und Wolken. Mittags 18°. Heidi und Rolf sind wandern (ideales Wanderwetter). Am Mittag gingen Heidi und ich auf den Friedhof.

Emi liegt zur Zeit in Bischoffingen.

Quelle:
Deutsches
Tagebucharchiv
Emmendingen

FREITAG 29.MAI 1987
Am Morgen trüb. Ich ging erst zu Wörne Gärtner dann in die Apotheke und auf den Friedhof. Anschließend zu Kraft, dann wurde ich von einem heftigen Regenschauer überrascht. Als ich heimkam die übliche Freitag Arbeit. Am Mittag beim Friseur Waschen Föhnen 19.90 DM. Jetzt 1/2 4 Uhr Gewitter und wieder heftiger Regen. Wurde von der Gartenarbeit vertrieben. Abends Geburtstag-Feier von Oma Anni im Engel. Es war ein gemütlicher Abend. Wir haben gut gegessen.

SAMSTAG 19.MAI 1979
Heute trüb, aber angenehmes Wetter am Morgen hat Ernst Eier geholt und Geranien für Schale und eingepflanzt. Ich habe einen Käsekuchen gebacken und verschiedenes. Mittags waren beide im Garten. Ernst hat Sellerie und Paprika gesetzt. Anschließend im Westengarten Riesenbohnen gesteckt und Spargel gestochen. Dahlien in Boden gemacht. Abends K.O ins Bett gesunken.

SONNTAG 20.MAI 1979
Trübes, aber angenehmes Wetter. Am Mittag mit Anneliese est im Münster-Hotel Kaffee getrunken. Anschließend nach Achkarren zum 50jährigen Jubiläum der W.G. Nach der Kellerbesichtigung, welche wir mit 4 DM pro Kopf anständig begossen haben, fuhren wir mit Bus ins Festzelt, wo wir gemütlich beisammen saßen. Um 7 Uhr brachen wir auf. Als wir das Zelt verließen kam ein heftiger Regenschauer. Mit dem Bus fuhren wir wieder ins Dörflein und kehrten noch bei Probst ein, nach einem kleinen Vesper und ein Glas Wein machten wir uns zufrieden und froh gelaunt auf die Heimfahrt.

JEDER TAG

DAS TAGEBUCH DER WALTRAUT JAKOB AUS IHRINGEN AM KAISERSTUHL

CHAQUE JOUR
Le journal de Waltraut Jakob de Ihringen au Kaiserstuhl

Mardi, 26 mai 1987
La chaleur me devenait pénible, j'étais contente d'avoir terminé. J'ai nettoyé la tombe des parents. Arrivée chez moi je me suis allongée. J'ai pris des gouttes pour la tension. Puis je suis allée dans le jardin planter des géraniums dans des caissons devant la fenêtre de la cuisine. J'ai également reçu des plants de choux de Hanni Götz, je les ai planté de suite. Il est 7 heures du soir et encore 20°. Mardi le matin j'étais au Abts Weingarten puis Heidi et moi sommes allées chez Wörne jardinerie acheter des plants pour la tombe des parents et la tombe de l'enfant de Monika. Arrivée à la maison je suis allée au jardin planter des haricots géants puis j'ai encore biné. Hanni est également passé.

Mercredi 27 mai 1987
Le matin à Breisach (chez le dentiste) dans la nuit un peu de pluie. L'après-midi avec les parents de Friedel fait Müller en gros puis ensuite j'ai planté dans l'allée en bois, belles de jour, etc... le soir à 8 heures la pluie commence à tomber.

Jeudi 28 mai 1987
Dans la nuit un peu de pluie, dans la journée voilé et nuageux, l'après-midi 18° Heidi et Rolf sont en randonnée (temps idéal) L'après-midi Heidi et moi sommes allées au cimetière.

Emi est en ce moment alitée à Bischoffingen.

Vendredi 29 mai 1987
La matin nuageux, je vais d'abord chez Wörne jardinerie puis à la pharmacie puis au cimetière puis chez Kraft puis je suis surprise par une pluie abondante. De retour chez moi, le travail habituel du vendredi. L'après-midi chez le coiffeur laver, sécher 19,50 DM. Maintenant il est 3h30 orage j'ai été chassée du jardin. Le soir anniversaire de Oma chez Engel. La soirée fut agréable et nous avons bien mangé.

Samedi 19 mai 1979
Ciel voilé mais temps agréable le matin Ernst a cherché des oeufs et des géraniums pour pot et les a planté. J'ai fait un gâteau au fromage et diverses choses. L'après-midi nous étions tous les deux au jardin. Ernst a planté du céleri et du paprika puis dans le jardin à l'ouest planté des haricots géants et piqué des asperges. Planté les dahlias, le soir tombés dans le lit K.O.

Dimanche 20 mai 1979
Temps gris mais agréable. L'après-midi d'abord bu un café à l'Hôtel am Münster puis direction Achkarren pour le 50ème anniversaire de la W.G.(cave vinicole) Après la visite de la cave que nous avons arrosée comme il le faut au prix de 4 DM par personne nous sommes allés en bus vers le chapiteau où nous étions tous réunis. A 7 heures nous rentrons, lorsque nous quittons le chapiteau il a bien plu. Avec le bus nous sommes de nouveau allé au village et avons encore fait un arrêt chez Probst. Après un casse-croûte et un verre de vin nous sommes rentrés chez nous contents et de bonne humeur.

Ein bisschen wie ein gestrandetes Schiff liegt Ihringens Jüdischer Friedhof inmitten der Weinberge. Und doch ist die Stimmung auf dem Friedhof gar nicht so groß anders, als auf einem winterlichen Weinberg. Wie Skulpturen stehen die Steine in einer Reihe in der Winternacht und strecken sich aus nach den Sternen, die in dieser Nacht blau leuchten.

LE BLEU DES ÉTOILES

Le cimetière juif de Ihringen est un peu comme un bâteau naufragé au milieu des couloirs du vignoble. L'atmosphère du cimetière ne diffère en rien de celle du vignoble hivernal. Les pierres sont comme des sculptures qui se dressent vers les étoiles bleutées de cette belle nuit.

WENN SELBST DIE STERNE BLAU LEUCHTEN

DER JÜDISCHE FRIEDHOF IN IHRINGEN

Lieber harte Kirchenbänke oder Spaß an einem der vielen Brunnen? Tom Saywer hätte sich hier wohl gefühlt in Bötzingen am Kaiserstuhl. Und Tom hätte bestimmt zumeist die Brunnen gewählt, denn die eignen sich hervorragend für einen Streich. Gehen Sie an einem Sommertag den Bötzinger Brunnenpfad und sie werden vielleicht die eine oder andere feuchte Überraschung erleben – doch das sagt uns nur, dass auch hier die Welt noch in Ordnung ist.

LA FONTAINE DE JOUVANCE
Village de vignerons entre églises et fontaines

Les durs bancs de l'église ou le plaisir d'une des nombreuses fontaines ? Que choisir ? Tom Saywer se serait senti chez lui à Bötzingen au Kaiserstuhl et aurait certainement choisi les fontaines car elles sont précieuses pour les farces. Prenez le sentier des fontaines à Bötzingen en été et vous aurez l'une ou l'autre surprise aquatique - mais ceci veut bien dire qu'ici également le monde est encore en ordre.

DER JUNGBRUNNEN

BÖTZINGEN AM KAISERSTUHL
WINZERDORF ZWISCHEN KIRCHEN UND BRUNNEN

REDÉCOUVERT

C'est seulement en 1962 que les fresques du 15ème siècle ont été redécouvertes et restaurées. Les dessins et peintures murales de St. Alban sont très expressives surtout au niveau des visages. Lire dans les pensées ou entendre des histoires devient presque possible dans cet endroit chargé de souvenirs.

Erst 1962 wurden die Fresken, die aus dem 15. Jahrhundert stammen, wiederentdeckt und freigelegt. Die Zeichnungen und Wandmalereien von St. Alban weisen einen ganz starken Charakter vor allem auch im Ausdruck der Gesichter aus. Auch hier können wir fast Gedanken lesen oder Geschichten hören.

Die St. Alban Kapelle in Bötzingen-Oberschaffhausen ist ein ganz besonderes kulturelles Kleinod am Kaiserstuhl.

WIEDERENTDECKT

*ST. ALBAN – PESTKAPELLE IN OBERSCHAFFHAUSEN
BÖTZINGEN AM KAISERSTUHL*

Genießen Sie doch mal ein Glas Wasenweiler Wein in einem der vielen Rebhisli die es hier noch gibt. Freuen Sie sich über die Aussicht von den Weinbergen über den eng an den Berg drängenden Ort hinaus auf die Weite des Wasenweiler Rieds. Und sollten Sie das Ganze als Sünde empfinden, so kommen Sie beim Abstieg garantiert an der einmaligen Wasenweiler Kirche vorbei.

GRANDE CLASSE
L'Eglise et le vin

Dégustez un verre de vin de Wasenweiler dans une des „Rebhisli" (maisonnette vigneronne) que vous trouverez encore et profitez de la vue qui s'étend jusqu'au ried de Wasenweiler en passant par le vignoble et le village qui se love contre la montagne. Et si vous pensez pécher, en descendant, vous pouvez vous arrêter au passage à l'église particulière de Wasenweiler que vous ne manquerez pas de voir.

ECHT SPITZE

DIE KIRCHE UND DER WEIN – WASENWEILER

PROTESTANTISCHER NADELSTICH

VOGTSBURG–BICKENSOHL IM KAISERSTUHL

Eingebettet in ein Labyrinth von Hohlgassen ist dieses kleine, unscheinbare Dorf kaum zu entdecken. Wenn da nicht die nadelförmige Kirchturmspitze der protestantischen Kirche wäre. Und diese Kirche ist im Aufmarsch der Kirchtürme am Kaiserstuhl wahrlich etwas ganz Besonderes. Bickensohl bleibt aufgrund seiner Lage ein Ort für Entdecker.

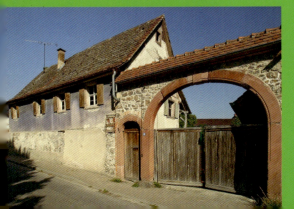

LA POINTE D'AIGUILLE PROTESTANTE VOGTSBURG - BICKENSOHL AU KAISERSTUHL

Niché dans un labyrinthe de chemins creux, ce petit village serait à peine visible s'il n'y avait pas la pointe en forme d'aiguille de son église protestante. Et cette église est, dans l'alignement des cloches du Kaiserstuhl, vraiment quelque chose d'exceptionnel. Bickensohl reste de par sa situation vraiment un endroit à découvrir.

Johanniskraut
Hypericum perfoliatum

AMOLTERN LEBT!

AUF DEN SPUREN DES KRÄUTERPFADES

Hagebutten, Johanniskraut, Malven, Löwenzahn – in Amoltern wächst alles, was Sie für Ihre ganz persönliche Apotheke brauchen – auf dem Kräuterpfad.

Umrahmt ist dieser Rundweg von einer Rebenlandschaft, deren Produkt ja manche auch für Arznei halten und dessen Wirkung Sie gleich unten im Gasthof Sonne ausprobieren können. Vergessen Sie nicht, durch den kleinen, etwas abgelegenen Ort zu schlendern, entdecken Sie die Kirche, den hoch gelegenen Friedhof und den Dorfbrunnen.

AMOLTERN
Sur les traces du sentier botanique

Sur le sentier botanique d'Amoltern nommé Kräuterpfad vous trouverez tout ce qui est nécessaire à votre boîte à pharmacie personnelle: églantier, groseille, mauve ou pissenlit. Ce chemin se situe à flanc de collines, au coeur de splendides vignes dont certains ont la légèreté de considérer le fruit comme médecine bienfaisante. Ils en goûteront les effets notoires plus bas au village, au comptoir de l'auberge Sonne ! N'hésitez pas à flâner dans ce petit hameau isolé. Vous y découvrirez une église, un cimetière sur les hauteurs et la fontaine du village.

Moschus-Malve
Malva moschata

LE TRESOR DU SILBERBERG
Bahlingen am Kaiserstuhl
Cigognes sur les toits et vins dans les caves

Les vignerons du Silberberg sont une référence dans toute la région et même au delà des frontières du Kaiserstuhl. Cependant ne perdez pas trop de temps à la dégustation des vins dans les caves de Bahlingen. Mais prenez aussi plaisir à découvrir ce village charmant au cachet pittoresque. Les cigognes, elles, semblent apprécier particulièrement ces lieux.

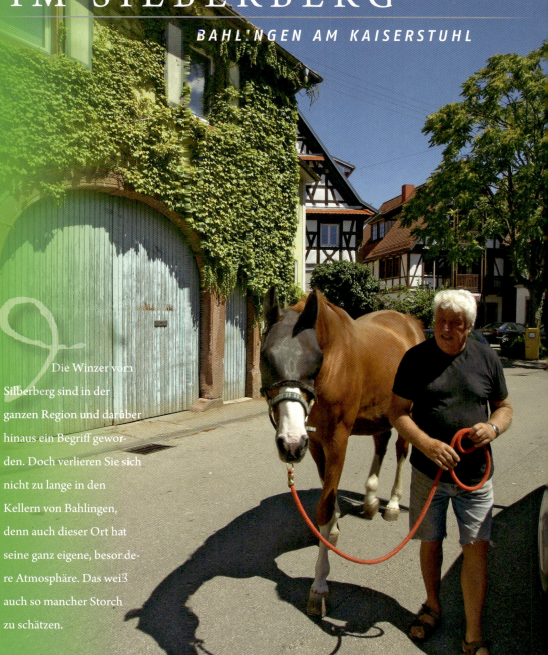

DER SCHATZ IM SILBERBERG

BAHLINGEN AM KAISERSTUHL

Die Winzer vom Silberberg sind in der ganzen Region und darüber hinaus ein Begriff geworden. Doch verlieren Sie sich nicht zu lange in den Kellern von Bahlingen, denn auch dieser Ort hat seine ganz eigene, besondere Atmosphäre. Das weiß auch so mancher Storch zu schätzen.

IN VOLLER BLÜTE

KIRSCHEN UND KIRCHEN
KIECHLINSBERGEN UND KÖNIGSCHAFFHAUSEN

Königschaffhausen ist manchmal wie der Tanz um das Goldene Kalb. Alles dreht sich um die Gastronomie, und die kann sich sehen lassen.

Königschaffhausen rappelle parfois l'idolâtrie du veau d'or. Tout tourne ici autour de la gastronomie. Et avouons-le, elle en vaut bien le détour !

In Kiechlinsbergen steht die Kirche ganz oben auf dem Berg, aus der Ebene schön zu sehen, wie sie leuchtet in der Nacht. Doch für die Kiechlinsberger ist es eine echte Herausforderung, wenn am Samstagabend die Glocken läuten und alle den Berg hinaufgehen. Zurück bleibt der Ort mit seinen schönen Fachwerkhäusern und dem verträumten Schloss.

DE TOUTE BEAUTE
Eglises et cerisiers · Kiechlinsbergen et Königschaffhausen

A Kiechlinsbergen l'église se dresse somptueuse au sommet de la colline. Eclairée dans la nuit, elle resplendit de loin dans la vallée. Lorsque le samedi soir les cloches sonnent à la volée annonçant la célébration de la messe, le village soudainement se dépeuple de ses habitants qui péniblement gravissent les ruelles jusqu'à la paroisse. En bas, le château et les coquettes maisons à colombage semblent abandonnés pour un instant.

250/251

Fließende Übergänge finden sich in Sasbach und in Jechtingen genügend. Hier wächst der Wein fast in den Rhein und das merkt man diesem auch an. Die Lagen an der Sasbacher Limburg und im Jechtinger Eichert sind mehr als begehrt. Das Kaiserstühler Vulkangestein dringt hier bis ganz an das Ufer des Rheins heran und zwingt diesen in einen weiten Bogen, der von den Anhöhen gut zu beobachten ist. Ein wahres Juwel an fränkischer und keltischer Geschichte und vor allem an botanischen Überraschungen bietet die Sasbacher Limburg direkt über dem Rhein. Goldgräberstimmung stellt sich ein in den vielen Steinbrüchen, wo es vor seltenen und wertvollen Steinen nur so funkelt. Doch das wahre Gold wächst hier im Weinberg und der Goldrausch kann durchaus von einem guten Weißwein stammen.

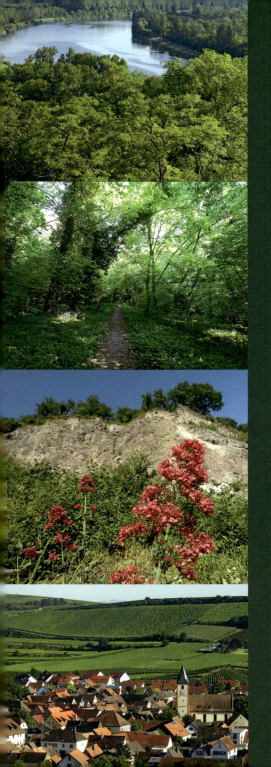

LA RUEE VERS L'OR
Sasbach, Jechtingen
et Leiselheim

Entre Sasbach et Jechtingen la vigne pousse sur de doux vallonements atteignant presque les rives du Rhin. Les emplacements sur la Limburg à Sasbach et la Eichert à Jechtingen sont très convoités. En ces endroits-là, la roche volcanique du Kaiserstuhl formant le terrain, semble repousser le cours du Rhin en un Long méandre. Sur la Limburg juste au dessus du Rhin se trouvent un véritable trésor de culture franque et celtique ainsi que toutes sortes de curiosités botaniques. Dans les nombreuses carrières scintillantes de pierres rares et précieuses, vous retrouverez l'ivresse des chercheurs d'or. Mais l'or véritable se trouve ici dans les vignobles et l'ivresse dans un bon verre de vin blanc !

GOLDRAUSCH

DIE CLAIMS IM GESTÜHL ZWISCHEN SASBACH, JECHTINGEN UND LEISELHEIM SIND ABGESTECKT

L'ÉGLISE AU MILIEU DU VILLAGE
St. Michael et l'ermitage St. Pantaleon à Vogtsburg / Niederrotweil

Ressemblant à des tours de télécommunication, les flèches des clochers sont en contact entre elles. Bien que restant inaperçu de loin, le village se révèle par le clocher de son église. Il en est ainsi à Niederrotweil, un des villages les plus à l'ouest dans la région du Kaiserstuhl. Le village et l'église ont sauvegardé une tradition remarquable. Construite sur une ancienne fortification, autrefois située au bord du Rhin, l'église de St. Michael occupe une position particulière. Dans le village, le temps semble s'être arrêté à l'abri des roses trémières. La promenade le long de la carrière qui mène à la chapelle de St. Pantaleon est un véritable petit pèlerinage.

Fast wie Funktürme halten die Kirchturmspitzen am Kaiserstuhl Sichtkontakt miteinander. Wenn von einem Ort aus der Ferne nichts zu sehen ist, die Kirchturmspitze verrät uns das Dorf. So ist es auch in Niederrotweil, eine der westlichsten Kirchen am Kaiserstuhl. Das Dorf und die Kirche haben sich eine ganz besondere Tradition bewahrt. Auf einer alten Wehranlage gebaut, früher an den Ausläufern des Rheins gelegen hat die St. Michaels-Kirche eine ganz besondere Stellung – und im Dorf selber scheint im Schatten der Stockrosen die Zeit sowieso stehen geblieben zu sein. Eine richtige kleine Wallfahrt ist der Gang entlang des alten Steinbruches zur St. Pantaleon-Kapelle.

HIER BLEIBT DIE KIRCHE IM DORF

VOGTSBURG/NIEDERROTWEIL
ST. MICHAEL UND DIE WALLFAHRTSKAPELLE
ST. PANTALEON

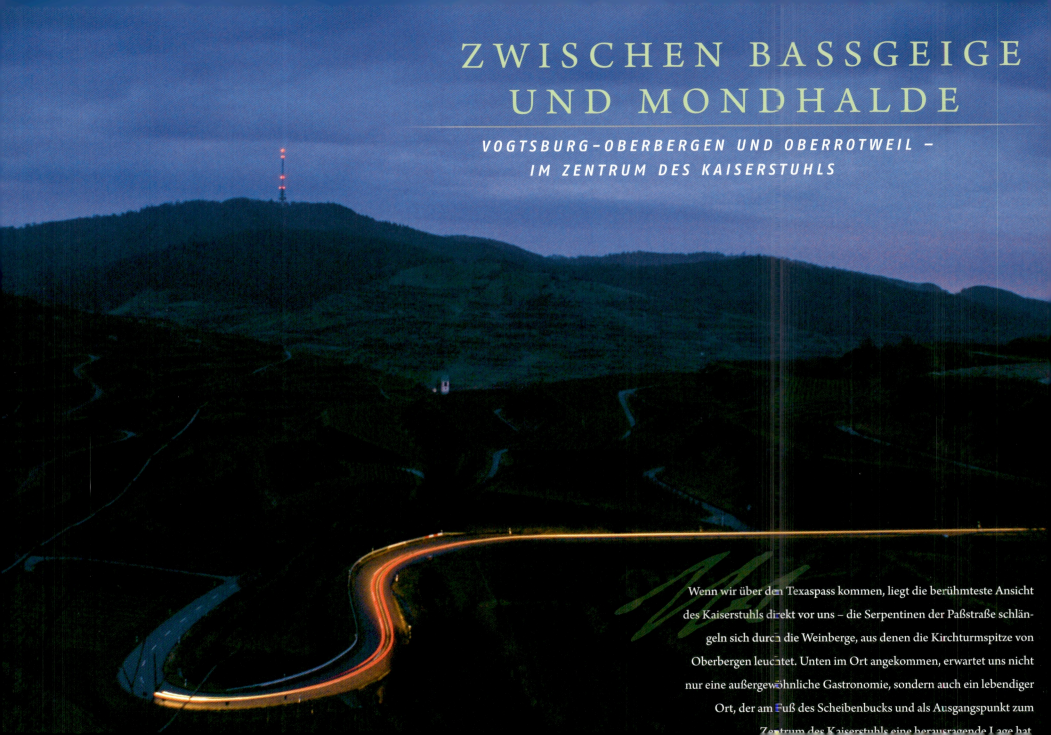

ZWISCHEN BASSGEIGE UND MONDHALDE

VOGTSBURG-OBERBERGEN UND OBERROTWEIL –
IM ZENTRUM DES KAISERSTUHLS

Wenn wir über den Texaspass kommen, liegt die berühmteste Ansicht des Kaiserstuhls direkt vor uns – die Serpentinen der Paßstraße schlängeln sich durch die Weinberge, aus denen die Kirchturmspitze von Oberbergen leuchtet. Unten im Ort angekommen, erwartet uns nicht nur eine außergewöhnliche Gastronomie, sondern auch ein lebendiger Ort, der am Fuß des Scheibenbucks und als Ausgangspunkt zum Zentrum des Kaiserstuhls eine herausragende Lage hat.

Oberrotweil wird noch mehr wie jeder andere Ort vom Weinbau bestimmt. Hier wachsen die Reben fast bis in den Keller. Es scheint fast so als werden die eng aneinandergebauten Häuser von den terrassenförmig angelegten Weinbergen erdrückt.

ENTRE BASSGEIGE ET MONDHALDE
Vogtsburg-Oberbergen et Oberrotweil
Au centre du Kaiserstuhl

Empruntant la route sinueuse qui gravit le col du Texas à travers les vignobles, vous arriverez à l'endroit le plus réputé du Kaiserstuhl. Au loin en bas se dresse la flèche rouge du clocher d'Oberbergen, village renommé pour sa gastronomie succulente. Oberbergen est également un lieu vivant au pied du Scheibenbuck, point de départ de nombreuses randonnées au coeur du Kaiserstuhl.

A Oberrotweil, plus qu'à tout autre endroit dans le Kaiserstuhl, la viticulture est prépondérante. Ici, le raisin semble pousser jusque dans les caves. Et les maisons du village étroitement alignées, paraissent écrasées sous le poids des vignes en terrasse qui les surplombent.

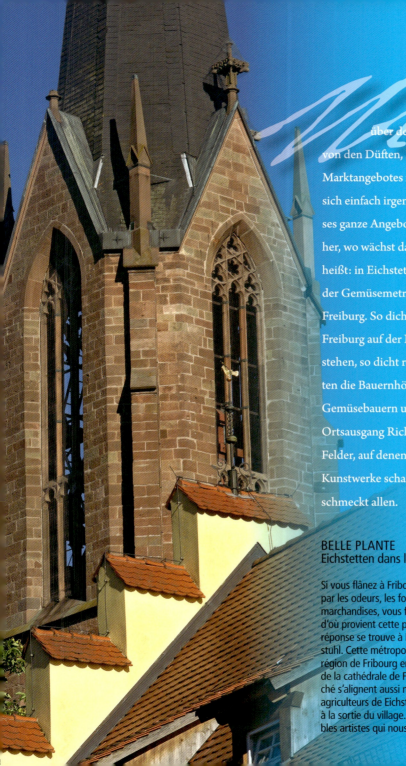

Wer in Freiburg über den Markt schlendert, sich von den Düften, Formen und Farben des Marktangebotes inspirieren läßt, der fragt sich einfach irgendwann: Wo kommt dieses ganze Angebot an Gemüse eigentlich her, wo wächst das alles? Die Antwort heißt: in Eichstetten am Kaiserstuhl, der Gemüsemetropole in der Region Freiburg. So dicht wie die Marktstände in Freiburg auf der Nordseite des Münsters stehen, so dicht reihen sich in Eichstetten die Bauernhöfe der Kaiserstühler Gemüsebauern und so dicht stehen am Ortsausgang Richtung Kaiserstuhl die Felder, auf denen die Bauern die reinsten Kunstwerke schaffen. Und diese Kunst schmeckt allen.

BELLE PLANTE
Eichstetten dans le Kaiserstuhl

Si vous flânez à Fribourg un jour de marché, ravi par les odeurs, les formes et les couleurs des marchandises, vous finirez par vous demander d'où provient cette profusion de légumes. La réponse se trouve à Eichstetten dans le Kaiserstuhl. Cette métropole agricole fournit toute la région de Fribourg en fruits et légumes. Au pied de la cathédrale de Fribourg les stands du marché s'alignent aussi nombreux que les fermes des agriculteurs de Eichstetten et que leurs champs à la sortie du village. Ces paysans sont de véritables artistes qui nous délectent de leur talent.

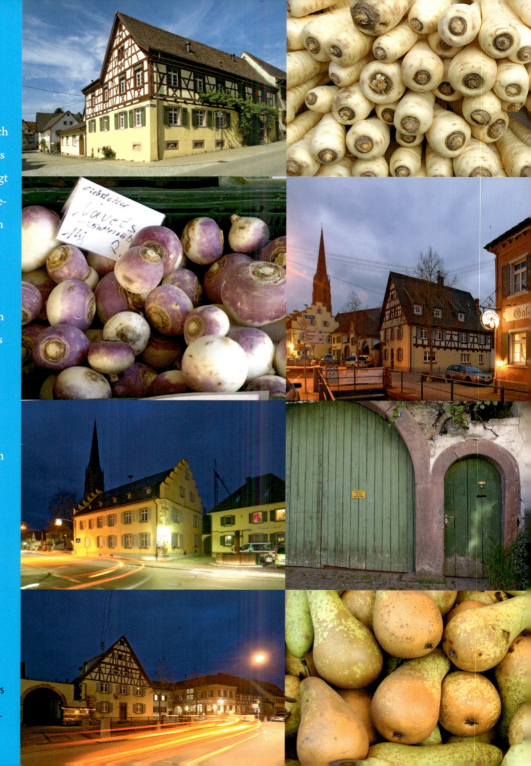

JUNGES GEMÜSE
EICHSTETTEN AM KAISERSTUHL

Quand vous avancez dans le village d'Eichstetten, commune de forme très allongée, vous vous sentez visiteurs d'un petit musée en plein air. Les anciennes fermes, parfois très imposantes, s'y alignent en rangs serrés avec leurs arches de pierre qui vous racontent l'histoire du bâtiment. L'année de la construction et les insignes de corps de métier nous parlent d'une vraie histoire.

Wenn Sie tief genug in den lang angelegten Ort Eichstetten vordringen, kommen Sie sich irgendwann vor wie in einem kleinen Freilichtmuseum. Dicht gedrängt stehen die alten, teilweise mächtigen Bauernhäuser mit ihren großen Torbögen, an denen Sie die Geschichte des Hauses fast schon ablesen können. Jahreszahl und Zunftzeichen erzählen uns eine wahre Geschichte.

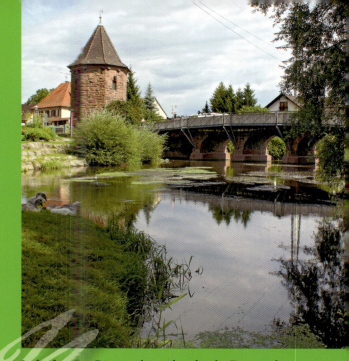

In fünf großen Bögen geht es über die alte Dreisam hinein in das historische, langezogene Winzer- und Gemüsedorf Eichstetten und weiter auf die aussichtsreichen Höhen des Kaiserstuhl. Doch das Ufer der Alten Dreisam lädt uns noch zum Verweilen ein. Schöne Blumenwiesen und eine Schwanenfamilie umrahmen dieses historische Ensemble und lassen uns fast in längst vergangene Zeiten hinein träumen, bevor wir dann die historischen Winzerhöfe und die alten Bauernhäuser des Dorfes entdecken.

LE PONT

Avec ses cinq grands arcs, le pont nous amène sur la rivière Alte Dreisam dans le village historique d'Eichstetten, lieu de vignerons et de légumes, et au-delà du village sur les hauteurs du Kaiserstuhl qui offrent de très belles vues du paysage. Mais d'abord, les rives de la Dreisam nous invitent à la détente. De belles prairies fleuries et une famille de cygnes encadrent cet ensemble historique et nous font rêver des temps passés avant de découvrir les fermes viticoles historiques du village.

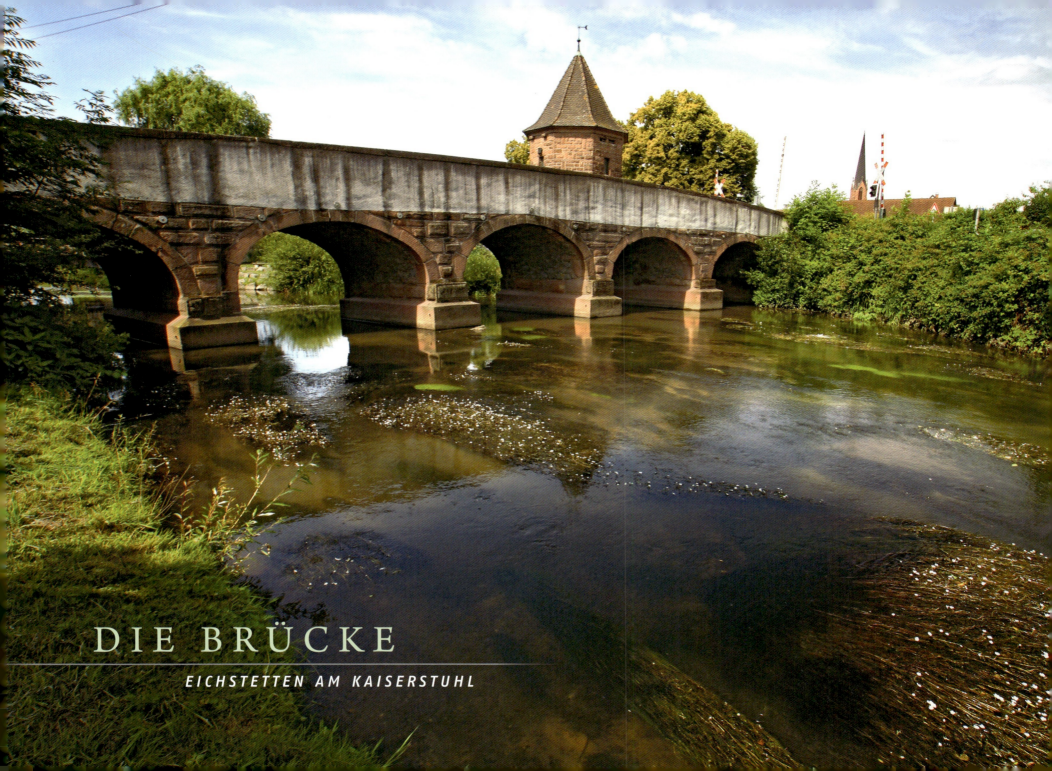

DIE BRÜCKE

EICHSTETTEN AM KAISERSTUHL

UND ZWISCHENDRIN DAS JURAGEBIRGE

MERDINGEN AM TUNIBERG – ZWISCHEN KAISERSTUHL UND SCHWARZWALD

Dass der Tuniberg ein Relikt des großen zusammenhängenden Jura-Gebirges ist, tritt in Merdingen so richtig zu Tage. Überall sind sie zu sehen, die Kalksteinbrüche und Abrißkanten mit dem hellen Juragestein.

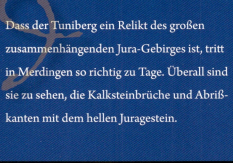

LE JURA ENTRE LE KAISERSTUHL ET LA FORET NOIRE
Merdingen au pied du Tuniberg

Le Tuniberg est un reliquat des grandes chaînes du massif du Jura et cela est particulièrement flagrant à Merdingen. Aux alentours de ce village se trouvent de nombreuses carrières où apparaît la pierre calcaire jaunâtre du Jura. Le Jura donne sa particularité aux habitants de cette région, mais aussi aux vins qui font preuvent ici d'un caractère très original. Au pied du versant ouest du Tuniberg se cache un joyau à découvrir encore dans ses recoins reculés et où les cigognes du haut des toits font entendre leurs claquements de bec.

Und das Jura prägt nicht nur die Menschen, sondern auch den Wein, der hier einen ganz besonders eigenwilligen Charakter hat. An der westlichen Kante des Tunibergs hat sich ein besonders schönes Kleinod gebildet, in dem es noch so manchen Winkel zu entdecken gibt und die Störche von den Dächern klappern.

264/265

AKW – nee – Rheinauen – ja!
Wyhl ist das Rückgrat des Kaiserstuhls. Hier zeigten die Kaiserstühler ihr wahres Gesicht. In Wyhl wurde echte Geschichte geschrieben, hier ist die Bundesrepublik ein klein wenig erwachsen geworden. Heute leben die Wyhler in aller Gemütlichkeit in ihrem ruhigen Ort, bauen Häuser in denen sie leben, fahren mit dem Stocherkahn in den Rheinauen, legen Reusen und Netze aus und warten irgendwie auf den großen Fang, auf das große Glück, eben wie überall in Deutschland. Auf dem Bauplatz des geplanten Atomkraftwerkes Wyhl ist heute ein wunderschöner Rheinauen-Naturpfad, unter dessen Brücken die klaren Wasser nur so dahinrauschen.

LE PRINTEMPS DE WYHL

Centrale nucléaire – non merci! Plaine alluviale du Rhin – oui !
La communauté de Wyhl est l'épine dorsale de la région du Kaiserstuhl. Ici, la population de la région a montré son vrai visage. L'histoire s'écrit ici à Wyhl, la République d'Allemagne a grandi au sens politique. Aujourd'hui, les habitants de Wyhl vivent en toute tranquillité dans leur village, construisent les maisons qu'ils habitent, naviguent sur des barques à fond plat à travers les forêts rhénanes, immergeant les filets et les nasses et rêvant d'une grosse prise, comme partout ailleurs en Allemagne. Sur le chantier de la centrale nucléaire prévue, se trouve aujourd'hui un magnifique sentier naturel dans les prairies rhénanes où les eaux claires murmurent sous les ponts.

BREISACH AM RHEIN

Werbekonzeption

Corporate Design

Fotografie

Web- und Mediendesign

Verlagsproduktionen

Rainer Spaniel

Radbrunnenallee 1

D-79206 Breisach am Rhein

Tel. 07667…933872

info@aufdemberg.info

www.aufdemberg.info

DIE HOT SPOTS AM KAISERSTUHL, TUNIBERG UND AM RHEIN

EINE ORIENTIERUNGSHILFE

1. Vogtsburg-Burkheim
Mittelalterliche Stadt inmitten der schönsten Weinberge und trotzdem direkt an den Rheinauen und am schönsten Baggersee gelegen.

2. Die Rheinauen
Faszinierende Auenlandschaft mit Waldschlut, Waldweiher und Rappennest. Befahrung mit dem Boot ab 1. August bis Ende Februar möglich. Idealer Einstieg am Klärwerk in Breisach. Für Wanderungen im Auwald Zugang über Jägerhof zwischen Burkheim und Breisach.

3. Ihringen
Alles was ein Weinort zu bieten hat. Besonderheit der Jüdische Friedhof am Ortseingang von Breisach kommend links. Viele Hohlgassen auf dem Weg zum Katzensteinbuck und Lenzenberg.

4. Breisacher Münsterberg
Historische Altstadt auf dem Münsterberg mit Möglichkeiten zur Besichtigung des St. Stephans-Münster, dem Radbrunnenturm und dem Vauban Rheintor. Zugang über Parkplatz am Weinfestgelände direkt über den Aufgang Bajakel. Zugang zum Jüdischen Friedhof am Ortsausgang Kupfertorstraße links.

5. Der Rhein
Erleben Sie den Rhein auf einer Kanufahrt von Grißheim nach Breisach. Je nach Wasserstand ein ganz besonderes Erlebnis. In den Wintermonaten können Sie viele Vögel beobachten, die hier überwintern.

GUIDE DES SITES TOURISTIQUES
Kaiserstuhl · Tuniberg · Rhin

6. Endingen
Historische Altstadt im Vorderösterreich-Stil, wunderschönes Stadttor und eine ganz besonderen Atmosphäre einer Kleinstadt

7. Limburg/Sasbach
Vulkanischer Berg direkt am Rhein mit geballter Ladung an Geschichte. Entdecken Sie hier fränkische, keltische und römische Spuren. Herrlicher Ausblick zu den Vogesen.

8. Amoltern
Die schönste Sackgasse im Kaiserstuhl. Rustikaler Weinort mit einem Kleinod, der Amolterner Heide und dem Kräuterpfad.

9. Vogtsburg-Schelingen
Inmitten des Naturschutzgebietes gelegen ist Schelingen der ideale Ausgangspunkt für Wanderungen in den Weinbergen und am Kaiserstuhl.

10. Eichstetten
Intakte dörfliche Struktur mit Wein- und Gemüsebauern

11. Badberg, Haselschacher Buck, Eichelspitz
Das Herz des inneren Kaiserstuhls. Der sogenannte „very hot spot." Hier finden Sie alles was eine grandiose Landschaft ausmacht. Die schönsten Berge sind zu erwandern über den Badbergpfad, den sie vom Parkplatz Bahlinger Eck erreichen.

12. Alt-Vogtsburg
Der kleinste Ort am Fuß von Badberg und Haselschacher Buck. Eine Kirche ein Weingut und 10 Häuser wirken besonders malerisch.

13. Vogtsburg -Bickensohl
Versteckter, kleiner Weinort mit den schönsten Hohlgassen, z.B. der Eichbuckhohlgasse am linken Ortsende.

14. Neunlinden, Totenkopf
Eine Wanderung hinauf zum Totenkopf auf dem Neunlindenpfad lassen Einblicke in eine einzigartige Natur zu. Hier durchwandern Sie alle Vegetationszonen bis hinauf zum dunklen Buchenwald.

15. Schlossberg Achkarren
Das Mekka für Weinbauinteressierte. Faszinierender Weinberg mit Trockenmauern, einmaligen Lagen, Weinlehrpfad, Geologischem Rundweg und Weinbaumuseum.

16. Katzensteinbuck/Kreuzenbuck
Herrlich gelegener Aussichtspunkt mit Ansichten zum Schwarzwald nach Ihringen und Breisach. Zugang über Wanderwege von Achkarren, Bickensohl oder Ihringen. Schöne Blumen- und Orchideenwiese am Kreuzenbuck.

17. Möhlin
Ganz besonders malerische Einblicke auf die Wasserlandschaft läßt die Möhlin auf ihren letzten Kilometern vor der Mündung in den Rhein zu. Hier finden Sie die vielleicht schönsten Wanderwege in der intakten Auenlandschaft.

18. Tuniberg
Wanderung über das Kalksteinplateau bis zur Aussicht Auf dem Berg und weiter zur Kapelle mit den schönsten Ein- und Aussichten in der Gegend.

1. Vogtsburg-Burkheim
Village moyenâgeux situé non loin de magnifiques vignobles, non loin des rives marécageuses du Rhin. Très belle gravière. Baignade autorisée.

2. Les bras morts du Rhin
Zone marécageuse unique le long des cours d'eau Waldschlut, Waldweiheret Rappennest. Navigation autorisée d'août à fin février. Départ près de la station d'épuration de Breisach. Le départ des randonnées pédestres en forêt marécageuse se fait au Jägerhof entre Burkheim et Breisach.

3. Ihringen
Tout ce qu'un village viticole a de meilleur à vous offrir. Curiosités: le cimetière juif à gauche à l'entrée du village en venant de Breisach et de nombreux chemins creux vers le Katzensteinbuck et le Lenzenberg.

4. Le Münsterberg à Breisach
Vieille ville historique sur la colline du Münsterberg. Visites de la cathédrale St Stéphane, de la tour du Radbrunnen et de la Porte du Rhin érigée par Vauban. Accès direct sur le parking du Weinfest par la montée Bajakel. L'entrée du cimetière juif se trouve au bout de la Kupfertorstrasse sur la gauche vers la sortie du village.

5. Le Rhin
Offrez-vous le plaisir d'une excursion en canoë de Grißheim à Breisach. Au cours de cette aventure inoubliable, vous observerez de nombreuses espèces d'oiseaux qui hivernent dans la région.

6. Endingen
Vieille ville historique dans le style de l'Autriche antérieure avec sa superbe Porte Stadttor, dans l'ambiance pittoresque d'une charmante petite ville.

7. Limburg/Sasbach
Montagne volcanique située directement sur le Rhin. Vous trouverez ici de nombreux vestiges francs, celtiques et romains. Vue exceptionnelle sur les Vosges.

8. Amoltern
La plus belle impasse du Kaiserstuhl. Village viticole rustique avec ses paysages de landes renommés et son Kräuterpfad, sentier écologique où abonde une grande variété de plantes aromatiques.

9. Vogtsburg-Schelingen
Situé au coeur d'un site protégé, Schelingen est le point de départ idéal de vos randonnées dans les vignobles du Kaiserstuhl.

10. Eichstetten
Village traditionnel intact dédié à l'agriculture et à la viticulture.

11. Badberg, Haselschacher Buck, Eichelspitz
Au coeur du Kaiserstuhl, à l'endroit dénommé le „very hot spot" (le point le plus chaud) ! Vous trouverez ici un paysage grandiose vous conduisant aux plus beaux sommets de la région, en empruntant le chemin du Badbergpfad. Accès à partir du parking Bahlinger Eck.

12. Alt-Vogtsburg
Le plus petit des hameaux au pied du Badberg et du Haselschacher Buck. Une église, un domaine viticole et dix maisons constituent cet endroit pittoresque.

13. Vogtsburg-Bickensohl
Petit village viticole isolé avec les plus beaux chemins creux de la région, comme par exemple le Eichbuckhohlgasse à gauche à la sortie du village.

14. Neunlinden, Totenkopf
Ascension du Totenkopf par le sentier du Neunlindenpfad. Dans ces paysages exceptionnels vous traverserez l'ensemble des zones de végétations jusqu'au sommet de la montagne boisée de hêtres sombres.

15. Schlossberg Achkarren
La Mecque de tout adepte de viticulture. Vignobles splendides, murets de pierres sèches, emplacement et ensoleillement exceptionnels, parcours pédagogique du vin, circuit géologique et Musée de la Viticulture.

16. Katzensteinbuck/Kreuzenbuck
Site d'observation exceptionnel avec vue panoramique sur la Forêt Noire, Ihringen et Breisach. Accès par les chemins de randonnée de Achkarren, Bickensohl ou Ihringen. Très beaux champs de fleurs et d'orchidées sur le Kreuzenbuck.

17. Möhlin
Sur les derniers kilomètres avant de se jeter dans le Rhin, la Möhlin offre de ravissants sentiers pittoresques dans une nature marécageuse encore intacte.

18. Tuniberg
Randonnée sur le plateau calcaire jusqu'au sommet du coteau où vous trouverez une chapelle et un point d'observation grandiose sur toute la région.

IMPRESSUM

Kaiserstuhl · Rhein · Tuniberg
Poesie der Natur
Rainer Spaniel · Breisach am Rhein

Verlag:
Auf dem Berg
Radbrunnenallee 1 · D-79206 Breisach am Rhein
Tel. 07667/933872 · www.aufdemberg.info/Kaiserstuhl

Hier können Sie auch weitere Exemplare dieses Buches bestellen.

© Fotos:
Rainer Spaniel · Breisach am Rhein
S. 64-67 · Fotos (10) von Maximilian Dorsch · Bamberg

Konzeption, Text und Layout:
Rainer Spaniel · Birgit Spaniel · Radbrunnenallee 1
D-79206 Breisach am Rhein
www.aufdemberg.info

Übersetzung:
Patricia Böck · D-Breisach am Rhein
Mireille Lux · F-Oberhergheim
Esther Brandis · D-Emmendingen

Pflanzen- und Schmetterlingsbestimmungen:
Klaus Rennwald · Ihringen
Klaus Bormuth · Breisach am Rhein

Lektorat:
Esther Brandis

Schriften:
Arno Pro, Fago Pro, Frutiger, Byron Script

Druck:
Printed in EU
Keskeny and Partners 2001 ltd.
1158 Budapest - Hungary
www.keskenynyomda.hu

1. Auflage Mai 2013

Alle Rechte vorbehalten · © 2013

ISBN 978-3-00-041679-8

*Informieren Sie sich über unser gesamtes
Programm zum Thema Kaiserstuhl unter:*
www.aufdemberg.info/Kaiserstuhl